# グローバル人材へのファーストステップ

## 海外の学生とPBL/TBLで学び合う

崔　慶原［著］

九州大学出版会

# まえがき

本書は，私が担当教員として企画・運営に携わってきた「国際体験型」共同教育プログラム「アジア太平洋カレッジ（College of Asia Pacific＝CAP）」の活動を「海外の学生とPBL/TBLで学び合う」という観点からまとめたものである。PBL（Problem-Based Learning）とTBL（Team-Based Learning）を短期留学プログラムに導入し，「海外の学生とのPBL/TBL」として体系化してきたCAPの試みが，短期プログラムの教育的効果を高めるための有効な事例になることを期待して，今回，このように筆を執った。本書には，参加学生の感想や報告会での発表を載せている。担当教員として学生の成長の証を記録しておきたかった。これが本書を執筆したもうひとつの理由である。

当初は，現地体験を重視する交流プログラムとしてスタートしたCAPであるが，回を重ねるに連れ，バックグラウンドの異なる海外の学生と共に学び合う協働学習の場としてのプログラムに発展していった。「少子高齢化」や「外国人労働者受け入れ」，「災害と安全」，「安全保障」といった東アジア地域の共通課題を設定し，それぞれの国や地域での取り組み，捉え方，またそれらの社会への影響について，現地フィールドワークやディスカッションを通して学び合う。そして，その協働学習を効果的に行うために，PBL/TBLという学習手法を導入し，学生たちが自ら課題を発見し，その解決策を見つけていくというプロセスを重視してきた。近年，PBLとTBL形式を導入した協働学習が注目を集めているが，その教育的効果を高めるためには，各カリキュラム及びプログラムに見合ったやり方を考案していく必要があると思っている。

ここで，CAPの発展過程について簡単に紹介しながら，日韓を軸に米国のハワイと台湾の台北を学びの舞台として設定した理由についても説明しておく。

CAPは，九州大学と釜山大学の2大学間コラボレーション「日韓海峡圏カレッジ」（2011年度～2013年度）からスタートした。その成果を土台に，2014年度から日韓米の3ヶ国の大学生が参加するCAPを運営し始めた。日本からは九州大学，西南学院大学，鹿児島大学が，韓国からはソウル大学，高麗大学，釜山大学，延世大学が参加するようになった。さらに，2015年度からは東アジア学に強みを持つ米国のハワイ州立大学（University of Hawaii at Manoa）の学生も加わり，CAP in Busan-Fukuoka, CAP in Seoul-Fukuoka, CAP in Hawaiiという3つのプログラムを運営するようになった。

日韓を軸にしながら，米国ハワイが加わった国際共同教育プログラムを手がける理由は，次のとおりである。第1に，韓国という隣国が，グローバル人材へのファーストステップとしての学びの舞台になると考えたからである。韓国は福岡市から非常に近い国であり，福岡からの行き来は，学生にとって経済的にも心理的にも負担が軽い。それ故，海外に対してそれほど興味がないような学生であっても，韓国でのプログラムであれば気軽に参加ができ，海外への関心度が高まるきっかけになる。最初から長期留学に行くことに抵抗を感じている学生の場合は，海外の学生と一緒に学習する楽しさや大変さを韓国で経験することで，長期留学へ挑戦する自信が身に着く。さらには，韓国の学生との協働学習を通して得られる教育的効果も期待できる。CAPに参加した日本の学生たちからは，特に英語やプレゼンテーション能力において，韓国の学生のレベルの高さに驚き，非常に刺激を受けたという話を頻繁に聞かされる。相手が英語圏の学生であったならば，日本の学生たちもそれほど驚かなかったであろう。しかし同じアジア圏であり，すぐ隣にある国の学生たちが，自分たちよりも一歩先を走っていると感じることで，より一層の強い刺激を受けるようである。

第2の理由は，日韓関係を通常の2国間関係の枠組みだけでない，グローバルな視点から見つめ直し，両国関係を相対化しながら共に考えるためである。昨今の日韓関係の悪化を受けて，両国の関係のあり方が問われるようになっているが，ハワイという「第3の場所」に行き，日韓の学生が広範な視点に触れ，双方の共通課題について協働学習することで，互いを協力相手として捉え直す体験ができる。日韓は，通常の2国間関係からすれば，歴史認識問題を始め，地域レベルでの諸問題に対し互いに異なる立場を取っている場合が少なくない。しかし，グローバルな視点から見た時，両国ほど類似した国はないと言っても過言ではない。両国の置かれている国際環境，産業構造，国家目標，脆弱性，抱えている政策課題などを考える時，グローバルな視点から互いを見つめることで，協力し合える領域を見出すことが可能なのである。かつ，ハワイという地は，日本人にとっても，韓国人にとっても，様々な意味で関わりの深い場所である。ディアスポラ（ハワイにおける日韓移民の歴史）や戦争と平和，及び，和解の観点を育む活動を展開するのにふさわしい場所である。この「第3の場所」としてのハワイで日韓の学生がハワイ州立大学の学生とともに，グローバル社会における日韓の立ち位置を認識し，両国関係を見直し，協力可能な領域を見出す協働学習が可能であると考えた次第である。

2018年度には，台湾の台北市にある国立政治大学が加わり，CAP in Taipei-Fukuoka を実施することができた。台北市を新たな拠点とした理由の1つは，やはり，学生たちが，経済的にも心理的にも比較的負担の軽い短期留学を経験できるからである。台北市は，韓国の釜山市やソウル市と同様に福岡から近く，飛行機で2時間半ほどの距離にある。また，文化的にも日本と似ているところが少なくないため，海外へのファーストステップとしては非常に行きやすい場所である。

2つ目の理由は，台湾社会と日本社会が抱えている共通課題と対応策を比較することで，互いについて理解を深めあえる協働学習が可能であるからである。台湾は多文化共生先進国と言われており，外国人労働者受け入れに積極的な国である。少子高齢化問題も抱えているが，日本をはじめとする他のアジア諸国とは異なる対応を取っている。そのため，日本社会が今後目指すべき道を議論するためのヒントを与えてくれる格好の学びの舞台でもあるのである。

CAP in Taipei-Fukuoka をスタートさせた3つ目の理由は，異なる複数の地域に学生を派遣することで，より多角的に課題へのアプローチができるようになるからである。それぞれのプログラム終了後には，韓国人学生と協働学習したグループと，台湾人学生と協働学習したグループとが，共同で報告会を行い，それぞれの海外研修での活動から得られた知見を共有し，比較しあえる場を提供している。各コースで得た知見，課題理解を，さらに多角的に捉えなおす機会となっている。

試行錯誤しながらCAPを企画・運営してきたのだが，本書を通して，PBL/TBL形式を導入した協働学習の場としての短期プログラムの効果と利点についてお伝えできれば幸いである。

崔　慶原（九州大学　韓国研究センター准教授）

# 目　次

# 第1章
# CAP の概要

## 1.1　プログラムの構成

「アジア太平洋カレッジ（College of Asia Pacific，以下 CAP）」は，学部1，2年生を対象にした「国際体験型」共同教育プログラムである。海外の学生との PBL（Problem-Based Learning）と TBL（Team-Based Learning）形式の協働学習の場を提供している。CAP は，CAP in Busan-Fukuoka, CAP in Seoul-Fukuoka, CAP in Taipei-Fukuoka, CAP in Hawaii という4つの短期留学プログラムで構成されている（図1）。

CAP in Busan-Fukuoka, CAP in Seoul-Fukuoka, CAP in Taipei-Fukuoka は，それぞれの都市を相互訪問する形式で行っている。例えば，CAP in Taipei-Fukuoka の場合，まず台湾と日本の学生が福岡市に集まり，9日間ともに学ぶ。そして，10日目には場所を台北市に移し，さらに9日間一緒に学ぶ。参加学生は，両都市で計18日間寝食をともにすることになる。CAP in Hawaii の場合は，日本と韓国の学生がホノルル市にあるハワイ州立大学に集まり，約3週間にわたってハワイ州立大学の学生と一緒に学び合う形式になっている。2019年度からは台湾の学生も加わることになった。

CAP プログラムは，講義，フィールドワーク，ディスカッションとプレゼンテーション，ビジネスワークショップで構成されている（図2）。ディスカッションとプレゼンテーションで扱うテーマは，「東アジアの国と地域の共通課題」である。異なるバックグラウンドを持った海外の学生とともに，「少子高齢化社会」や「外国人労働者受け入れ」，「災害と安全」など，アジアの国々や社会が抱えている共通課題と対応策，それに伴う社会変動について，協働学習を通して学びあう。ディスカッションとプレゼンテーション

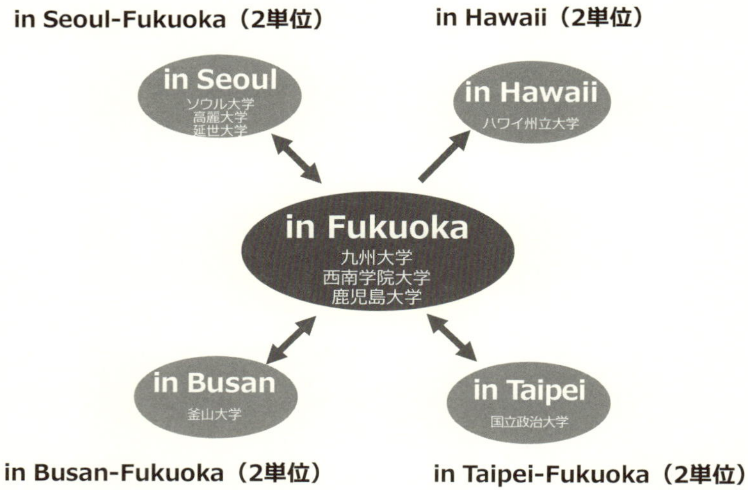


図１　プログラムの構成

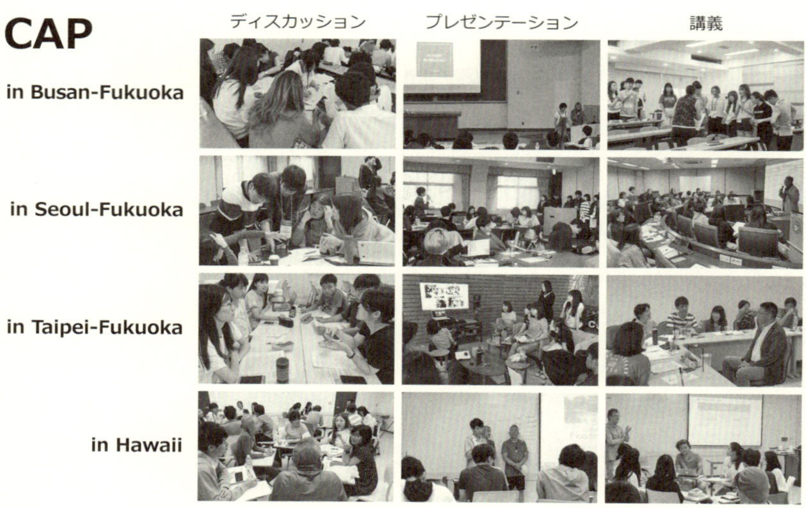


図２　プログラムの様子

は，CAP プログラムの中核を成しており，最も準備に力を入れている部分である。

講義では，参加学生がディスカッションとプレゼンテーションを進めるために必要な材料を提供している。いずれのプログラムでも，共通課題についての知識を深められるような講義内容にしている。

フィールドワークでは，講義とディスカッション課題に関連する場所を訪問したり，関係者と直接対面する。座学だけでなく，直接学生が自らの目で見て，確かめる機会を与えるためである。

ビジネスワークショップでは，企業側が前もって提示した課題について，学生たちが 2 ヶ月かけて準備をする。そしてグループでプレゼンテーションを行い，企業側からフィードバックを受ける。提示される課題は社会問題についてのものが多く，学生たちはその解決策を見出すプロジェクト形式で準備を行っていく。大学の外に出て，社会との接点を持ち，問題解決力を高めることを目的としている。これまでに福岡の企業 12 社，ハワイの現地企業 4 社に協力していただいた。

CAP in Busan-Fukuoka, CAP in Seoul-Fukuoka, CAP in Taipei-Fukuoka, CAP in Hawaii は，プログラム設計に共通部分が非常に多いが，それぞれの課題設定を工夫することで，研修先の国と地域の特徴を活かしたプログラムとなっている。

CAP は，短期留学プログラムではあるが，4 月の応募から始まり，事前研修（事前学習，英語クラス，OB，OG との座談会，安全教育，事前アンケート），海外研修，そして最後の事後研修（事後ア

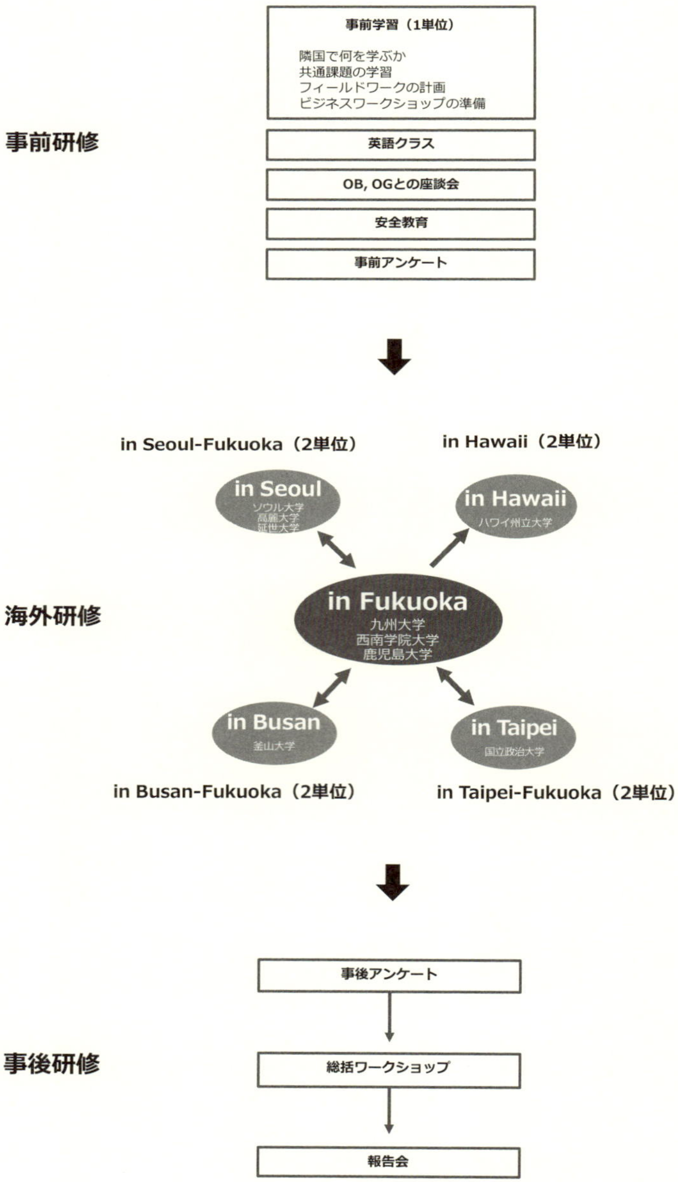


図 3　事前研修，海外研修，事後研修

ンケート，総括ワークショップ，報告会）まで，学生たちは1年かけて活動するのである。単なる「異文化体験」以上の教育的な効果をあげるためには，事前研修と総括のための事後研修が不可欠である。特に，海外研修で有意義な意見交換ができ，深い気づきを学生が得るためには必須である。事前研修は，海外渡航前に，海外の学生たちと議論する課題の論点を日本の学生たちが事前に摑むのを手助けしてくれる。CAP in Busan-Fukuokaは「韓国学への招待」，CAP in Seoul-Fukuokaは「韓国社会の理解」，CAP in Taipei-Fukuokaは，「東アジア社会変動の理解」，CAP in Hawaiiは「グローバルアジェンダへの理解」という事前学習科目（1単位）を開講し，海外渡航前に2ヶ月かけて実施している。

海外研修後は，研修での経験をその後の学習や進路，長期留学などの次のステップにつなげられるよう，事後研修を実施している。学生が研修での自らの達成度を評価し，不足部分にも気づくプロセスが必要だと考えている。学習成果を大学全体で共有するために，参加学生が作成したパネルの展示や報告会も実施している。

## 1.2　目的 —— グローバル人材へのファーストステップ

CAPは全学部の1，2年生を対象としている。1，2年生という早い段階で，海外初心者でも行きやすいソウル，釜山，台北，ハワイに赴き，現地の学生との協働学習を経験することで，海外の学生と教え合いながら学ぶ面白さを体験する。留学に行きたい気持ちはあっても，海外での長期滞在に不安を覚える学生が少なくない中，CAPでの体験が長期留学へのファーストステップになってくれればと考えている。

実際，CAPでの経験が，その後の長期留学に進むきっかけとなっている学生は少なくない。海外の学生とともに学習することに自信を持ち，CAP参加後には自分自身の専門分野と関連した短期留学プログラムや長期の交換留学にチャレンジする学生も多い。CAPは，グローバル人材へのファーストステップとして，学生のモビリティを活発化させる役割を果たしていると自負している。

協働学習の課題として，東アジア社会の共通課題を取り上げていることにも注目してもらいたい。東アジアの国々が同じ課題を抱えていながらも，その国の置かれた状況や文化などのさまざまな要因によって異なる対応を取っている。参加学生たちは，海外の学生との協働学習を通して共通課題が持つ多面的な側面に触れ，課題を深く理解するようになる。また，各国が共に協力して問題解決に取り組まなければならないことに気づくようにもなる。学生は物事をグローバルな観点から考え，アプローチすることで，視野の広がりを体験できるのである。

九州大学では1年次に「課題協学」という科目が必須となっている。その目的は，専門性の枠を超えて多様な人々の知見や能力を組み合わせる形で協働し，解決策を見出す力を育むことである。現代社会の課題が多様化かつ複雑化してきている中で，専門の領域を超えて他者と協働し，問題解決力を高めることの出来る人材が求められているのである。CAP はこのような学内の試みからさらに進んで，言語やバックグラウンドの異なる韓国，台湾，米国の学生との協働学習を通して東アジア社会の共通課題の解決に取り組む，いわば課題協学の海外版として考案され，実施されている。「課題協学」の一歩先を行くプログラムであると言える。

## 1.3　特徴 —— 海外の学生と PBL/TBL で学び合う

CAP の特徴の一つは，事前研修をはじめ，海外研修，事後研修のすべてのプロセスに PBL と TBL を導入している点である。PBL とは，学習者が自ら課題を設定し，それを解決していく過程で，知識や体験を得ながら学んでいく「課題解決型学習」のことであり，TBL とは，議論や課題発表などのグループでの協働を通して，互いに教え合い，学んでいく「チーム基盤型学習」のことである。どちらも，課題の解決そのものよりも，解決にたどり着くまでの過程がより重要だと考える学習方法である。

PBL と TBL は，最近では日本の教育現場でも注目されてきており，この学習方法を取り入れた高校や大学の事例が紹介されるようになってきた。しかし，どの事例も，あくまでも日本人同士でのグループ学習，協働作業であり，日本人と海外の学生がともに学ぶ事例は，まだ日本では聞いたことがない。

PBLとTBLを導入することで，CAPは異文化体験を重視する短期プログラムから，海外の学生と東アジア社会の共通課題について学び合う知的な交流の場へと進化したと言える。短期プログラムであっても，海外の学生との協働学習を中心にカリキュラムを構成することで，深みのある学習ができるのである。

## 1.4　本書のねらい

CAPの運営を，この一冊にまとめる理由はいくつかある。第1に，グローバル人材へのファーストステップとしての意義を伝えるためである。CAPに参加した学生たちは，海外への関心が特段高かったわけではなく，CAPは経済的にも精神的にも少ない負担で参加できるプログラムだと聞いたので参加した，と言う学生も多い。しかし，参加後には海外への関心が高まり，他の海外プログラムを自ら探して参加したり，長期留学にもチャレンジするようになる。CAPが，専門課程に入る前の1，2年生の学生に，学び方への再考を促し，長期留学への動機づけを与えるファーストステップとして機能していることが示されたと思っている。1，2年生での体験が，その後の専門学習や長期留学への関心を左右する影響の大きさを考えれば，1，2年生向けプログラムの開発・実施に最も力を入れるべきであると思う。CAPの試みが，短期プログラムの重要性を再認識し，充実化を図っていくきっかけを提供できればと願っている。

第2に，CAPと類似したプログラムを企画しようとしている方々と，これまで蓄積してきたノウハウを共有するためである。短期プログラムも企画の如何によっては，高い教育的効果が得られることを示したかった。事前研修の進め方や海外研修とのつながり，そして事後研修の方法など，試行錯誤を繰り返しながら，形にしてきた。短期プログラムを学生の成長に役立てたいと考えている方々の参考になればと期待している。

第３に，CAP を通して成長した学生の経験談を共有するためである。本書には学生たちの体験談を多く載せている。海外研修に対する感想（第５章）や報告会での発表（第６章），OB,OG の座談会（第７章）をぜひ読んで頂きたい。これらは彼らの努力と挑戦，そして成長の証である。彼らの変化を身近で見てきた担当教員として，それらを記録として残しておきたかった。参加した学生たちにとって本書が思い出になることを期待している。

## 1.5　本書の構成

次の第２章以降で取り上げる内容は，以下のとおりである。まず第２章では，CAP に PBL と TBL を導入した背景やその学習手法の最適化のための工夫について説明する。現場でフィールドワークができる利点を活用したことや，課題設定における工夫などについて記述する。

第３章では，参加学生の選抜について述べる。何に重点をおいて選考を行っているのか，広報の仕方や面接の方法，合格者向けのオリエンテーションについて記述する。

第４章では，プログラムの中で最も力を入れている事前研修について説明する。海外研修での協働学習に備えるという明確な目標意識を持って行っている日本人同士の協働学習について説明する。また英語クラスの運営や安全教育，事前アンケートについても言及する。

第５章では，海外研修において，海外の学生との PBL と TBL をどのように実施したのかについて説明する。2018 年度に実施した CAP in Seoul-Fukuoka と CAP in Taipei-Fukuoka，CAP in Hawaii を例に，海外研修の特徴について記述する。

第６章では，事後研修で実施している事後アンケートやレポート，総括ワークショップ，報告会について説明する。単純な反省会をするのではなく，CAP での経験を土台に次のステップへ進むための振り返りをするのが目的である。

第 7 章では，CAP の「成果」について言及する。CAP に参加した経験が，学生のその後の長期留学や自分の専門分野に関係した短期プログラムに参加する原動力になっていることを取り上げる。また，2014 年度から 2018 年度までに参加した OB，OG の座談会の様子を紹介する。学生たちは CAP との出会いを通して成長した点や CAP での経験をもとに次のステップへ進んでいることを楽しく語ってくれている。

# 第2章
# PBL と TBL の導入

## 2.1　導入の経緯

CAP に PBL と TBL を導入した理由は，バックグラウンドの異なる海外の学生との PBL と TBL が，CAP の目指している「東アジア社会の共通課題を多角的に理解する」ことを最も効果的に実現できる学習方法であると考えたためである。CAP は短期プログラムであるため，時間的な制約はあるものの，日本人の学生が同世代の海外の学生と 2~3 週間寝食をともにしながら，互いの国を行き来し，学習課題に即した場所を訪れるなど，実際に見て聞いて調べ，学ぶことのできるメリットがある。そこに PBL と TBL 形式の学習方法を加えることで，最大限の学習効果が期待できると考えたのである。

実を言うと，CAP を始めた当初は，CAP の目的を，現地体験や相互理解を高めるための交流としていた。そのため，事前研修にさほど力を入れず，研修先の現状に関する講義を実施するのみであった。教員による講義と，研修先での留学経験や仕事経験がある講師を招いた特別講演を行うだけだった。しかし，海外研修後にアンケートを取ってみると，学生同士のディスカッションの実施希望など，異文化体験以上の深い交流を求める学生の声が少なくなかった。

そこで，表 1 の CAP in Seoul-Fukuoka の事前学習カリキュラムのように，4 つのパートを組み合わせたカリキュラムに再構成することにした。「イントロダクション」として「隣国で何を学ぶか」を 1 回，「共通課題の学習」として「少子高齢化と外国人労働者受け入れ」と「若者の未来」を 1 回

表1　事前学習のカリキュラム

事前学習（CAP in Seoul-Fukuoka）　**韓国社会の理解**

| 日 | 時 | | 内容及び事前課題 | ビジネスワークショップ<br>フィールドワーク |
|---|---|---|---|---|
| 12月2日(土) | 09:00～10:30 | **イントロダクション** | **隣国で何を学ぶか**<br>**日韓関係の理解**<br>[事前課題]文献レビュー<br>李鍾元・木宮正史ほか『戦後日韓関係史』有斐閣、2017の6章と7章 | |
| | 10:40～12:10 | **ビジネスワークショップの準備①**<br>**福岡フィールドワークの準備** | **プレゼンテーマの説明**<br>[参考]兪弘濬『日本の中の朝鮮をゆく 九州編』岩波書店、2015 | フィールドワークグループの構成 |
| 12月16日(土) | 09:00～10:30 | **ディスカッションの準備**<br>(若者の未来) | **韓国の学生と議論する論点を決める**<br>[事前課題]文献レビュー<br>古市憲寿『希望難問ご一行様』光文社新書、2010 | **ビジネスワークショップ**<br>アウトラインの提出 |
| | 10:40～12:10 | **韓国の現代史** | 映画「国際市場で逢いましょう」<br>戦争と経済発展、労働力の国際的移動の観点から | |
| 1月20日(土) | 09:00～10:30 | **ディスカッションの準備**<br>(少子高齢化と外国人労働者受け入れ) | **韓国の学生と議論する論点を決める**<br>[事前課題]文献レビュー<br>毛受敏浩『人口激減』新潮社、2011 | |
| | 10:40～12:10 | **ソウルフィールドワークの準備** | | **フィールドワーク**<br>計画案の作成、提出 |
| 1月27日(土) | 09:00～10:30 | **ビジネスワークショップの準備②** | **最終プレゼンテーション**<br>各グループの発表と質疑応答 | 最終版の提出（締切2月5日）<br>PPTスライド、原稿 |
| | 10:40～12:10 | **最終オリエンテーション** | | |

ずつ，「ビジネスワークショップの準備」とプレ発表を2回，そして「フィールドワーク計画」について1回の授業を設定したのである。

しかし，実際は海外研修で上手くディスカッションに入れず，準備不足を痛感したと言う日本の学生が多かった。海外の学生と2～3週間にわたり寝食を共にしながら学び合うというCAPの良さが，全く発揮されないままになっていたのである。学生が自信を持って海外研修に参加し，海外の学生とともに学び合い，新しい視点を吸収するには，より有意義な事前学習を準備する必要があった。

そこで考え出したのが，学生自ら課題への疑問を持ち，知識やコミュニケーションスキルなどを習得しながら解決策を見出すPBLとTBL形式を導入した事前学習である。海外の学生とのディスカッションで扱う共通課題に対する下調べや準備の比重を増やすことにした（表2)。授業では，「問題を発見し学習目標を立てる」→「論点を整理する」→「海外の学生との議論の論点を定める」という順で進め，その間に自己学習の時間を挟むことにした。PBLとTBLを導入することによって，学習時間が格段に増えただけでなく，課題に対する学生の取り組み方も，より積極的な姿勢に変わった。第4章で述べるように，事前学習では海外研修で行うディスカッションに向けた情報収集や論点の絞り込みを行っているが，時間をかけて何度も修正を加えながら，しっかりと準備した論点をもって海外研修に参加する日本の学生

**表2**　再構成した事前学習のカリキュラム

事前学習（CAP in Seoul-Fukuoka）　　**韓国社会の理解**

| 日時 | | 内容及び事前課題 | | ビジネスワークショップ<br>フィールドワーク |
|---|---|---|---|---|
| 12月8日(土) | 09:00〜10:30 | イントロダクション | 隣国何を学ぶか<br>日韓関係の理解<br>[事前課題]本のレビュー<br>李鍾元・木宮正史ほか『戦後日韓関係史』有斐閣、2017の第6章と第7章 | |
| | 10:40〜12:10 | 少子高齢化と外国人労働者受け入れ① | 疑問点を発見し、学習目標を立てる<br>「いまも日本で働きたいですか」The Asahi Simbun GLOBE, January 2018 No.201 | |
| 12月15日(土) | 09:00〜10:30 | 少子高齢化と外国人労働者受け入れ② | 論点を整理する<br>[事前課題]本のレビュー<br>NHK取材班『外国人労働者をどう受け入れるか』NHK出版新書、2017 | フィールドワーク<br>グループの構成 |
| | 10:40〜12:10 | ビジネスワークショップの準備①<br>災害と安全① | プレゼンテーマの説明<br>疑問点を発見し、学習目標を立てる<br>熊本日日新聞社編集局「熊本地震 連鎖の衝撃」、2016 | |
| 1月12日(土) | 09:00〜10:30 | 少子高齢化と外国人労働者受け入れ② | 韓国の学生と議論する論点を決める<br>[事前課題]調査<br>日本社会における議論を整理（2018年10月30日〜12月末までの新聞報道をスクラップ）その主な論点を整理 | ビジネスワークショップ<br>プレゼンのアウトライン提出<br>フィールドワーク<br>計画案の作成、提出 |
| | 10:40〜12:10 | 災害と安全② | 論点を整理する<br>[事前課題]本のレビュー<br>船橋洋一・竹中平蔵編『日本大災害の教訓』東洋経済新報社、2011 | |
| 1月25日(金) | 16:40〜19:40 | OB, OGによるカレッジ報告会 | 「カレッジでの経験をどのように活かすか」 | |
| 1月26日(土) | 09:00〜10:30 | 災害と安全③ | 韓国の学生と議論する論点を決める | |
| | 10:40〜12:10 | ビジネスワークショップの準備② | 最終プレゼンテーション<br>各グループの発表と質疑応答 | 最終版の提出(締切2月5日)<br>PPTスライド、原稿 |

が増えていった。

現在では，CAP in Busan-Fukuokaでの「韓国学への招待」，CAP in Taipei-Fukuokaでの「東アジア社会変動の理解」，CAP in Hawaiiでの「グローバルアジェンダの理解」も，CAP in Seoul-Fukuokaの「韓国社会の理解」と同じ形式で事前学習を行っており，「海外学生とPBL/TBLで学び合う」協働学習として体系化している。

次に，PBLとTBLを導入するにあたってわれわれが重視した点と，カリキュラム設計，運営において工夫した点を中心に説明していきたい。

## 2.2　カリキュラム

### 2.2.1　基本要素

「海外学生とPBL/TBLで学び合う」場を効果的に運営するために，カリキュラム設計の際には，以下の6点を考慮した。

（1）東アジア社会の共通課題を取り上げる

参加者の誰もが興味を持てる課題となるように，遠く抽象的なものを避け，同じアジアに住む者として，同じように悩み，具体的に抱えている問題を扱うことにした。そこで，東アジアが抱えている共通課題を取り上げることにした。日本をはじめとした東アジアの国や地域は，顕著な幾つかの共通課題を有している。例えば，社会の高齢化，国境を越えた人の移動による社会的・経済的影響，環境問題，災害対応などである。これらの問題に対する解決策は，1つではなく，あらゆる可能性を探ることができる。学生たちが，PBL と TBL を通して，情報収集力や課題解決力を学ぶには，最適の課題だと言える。

（2）事前学習の充実化

事前学習では，まずは日本人同士で PBL と TBL 形式で共通課題について学ぶ。海外研修で必要となる知識や論点を，事前にしっかりと準備しておくことで，自信をもって海外研修でも議論を交わせるようになる。また，日本人同士での学習や議論と，海外の学生とともにする学習や議論では，ものの見方や捉え方が大きく異なるため，日本人同士だけでは考えられないような予想外で新鮮な展開となる。そのようなギャップを体験することが，海外で学ぶ面白さにつながる。学生たちの海外での学びに対する興味関心が高まり，将来的には海外志向へとつながると期待している。

（3）学生の主体的な学びと教員の積極的な関わり

学生が，一当事者としての意識を持って共通課題に取り組むことで，主体的に学んでいくスキルを獲得することができる。解決に持っていくための知識・スキルを座学だけではなく，実際の経験を通して身につける。そうすることで，正解のない問題への取り組み方が分かるようになるのである。このような学生の主体的なコミットメントの重要性について，CAP の案内・募集の段階から学生たちには説明し，プログラム中も相談に乗りながら，彼らの主体性をサポートしている。担当教員のほうも，ただ知識を伝達する者に留まるのではなく，学生が課題解決に向かえるように支援するアドバイザー，もしくはメンター役として動く。

（４）学外での発表の場を設ける

仲間内だけでは，「成果を出して伝える」ことへの意識が高まらない。そこで，社会の第一線で活躍されている企業人，社会人の方々の前で発表する場を設けることにした。それが，ビジネスワークショップである。約 2ヶ月の間，企業から提示された課題に学生たちがグループで取り組み，その成果を企業に行って発表する。ビジネスワークショップで扱う課題は，全て，各業界の現場で直面している問題と関連するものばかりである。学生は，企業の担当者たちの前で発表した後，企業側からの質疑にも，自分たちの言葉で対応しなければならない。このように，社会とつながった発表の場を設けることで，学生は緊張感と意欲を持って取り組むようになる。

（５）「どのように（How）」を重視した評価を行う

CAP プログラムに参加する学生には，事前研修で 1 単位が，海外研修で 2 単位が付与される。評価は，PBL と TBL での活動の全てのプロセスを対象としている。もちろん，発表内容などの成果部分も評価基準に含まれるが，解決案を見つけるに至るまでの学びの過程，どのように課題に取り組み，周囲の人々とコミュニケーションをとりながら成果に至ったのか，を特に丁寧に見る。グループ内での役割や発言，情報収集，情報の共有，リーダーシップなどを総合的に評価する。

海外研修後の事後研修では，アンケートを使った自己評価に加え，総括ワークショップの時間も設け，学生間で相互評価ができるようにしている。また，パネル展示と報告会を通して外部からの評価も受ける。全てにおいて「どのように（How）」成果をあげたのかに焦点を当てている。

（６）事後研修でのフォローアップ

学生たちが長期留学やその後の学習を深めるきっかけとなるように，学生のキャリア形成に役立つプログラム設計を心がけている。そこで，海外研修のフォローアップとして事後研修を重視してきた。事前研修と海外研修を振り返りながら，対課題・対仲間・対自分の3つの観点から気づいたことを学生たちが互いに共有し，相互理解を図る。プログラムをきっかけに目覚めた興味分野が，その後の学習においても継続して取り組める分野や課題となるようにフォローする。

以上が，カリキュラム設計をする上で，土台にした要素である。最初は手探り状態の部分も多かったが，何回かプログラムを実施していくうちに，より効果的なカリキュラムに発展してきたと自負している。

### 2.2.2 カリキュラムの構成

PBLは「学びの冒険」であると言われる。正解のない課題を学習者が自ら考え，解決することは，成否が不確実な冒険のようなものである。それ故，綿密な計画と準備が不可欠なわけである。「海外学生とPBL/TBLで学び合う」ことを通して，どのような成果を得たいのか，得られるのかについて，学生自身が前もって想定をし，それに至る正しい道筋を描く必要がある。そこで，図1のようにカリキュラムの流れを示し，学生と教員が一緒に取り組むことを重視している。カリキュラムは，「課題の設定→事前研修→海外研修→事後研修」といった一連の過程を統合的に考慮して構成している。

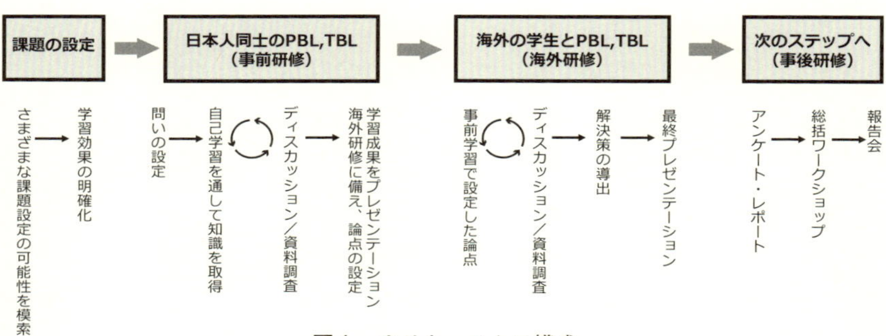


**図1**　カリキュラムの構成

### （1）「共通課題」の設定

課題の設定は，プログラム期間と運営方法に応じて 2 つの異なる進め方をしている。2 週間かけてそれぞれの都市を相互訪問する形式で運営している CAP in Busan-Fukuoka, CAP in Seoul-Fukuoka, CAP in Taipei-Fukuoka では，受け入れ先の担当教員と綿密な打ち合わせを行い，都市ごとに課題を 1 つずつ選定している。例えば，CAP in Seoul-Fukuoka 2018 では，新入国管理法が 2018 年 12 月に成立したのを受けて，福岡側では「少子高齢化社会と外国人労働者受け入れ」を課題候補案として出した。それに対し，ソウル側は，災害に対する日本社会の対応について学び，参考にしようとする動きが韓国国内にあったことを踏まえて，「災害と安全」を候補案とした（図 2）。そこで，参加大学の担当教員間で話し合い，最終的には，この 2 つの課題をソウルと福岡で学習することに合意し，講義とフィールドワーク先の選定をした。

CAP in Hawaii の場合は，期間が 3 週間とやや長く，且つ，相互訪問形式ではなくハワイ州立大学 1ヶ所で実施されるため，課題は，学生自身が，興味関心のあるものを選ぶようにしている。1 年次の総合科目や専門科目で学んだ内容を海外学生との PBL と TBL を通して深めたいといった理由で課題を選定する学生もいる。これまでに，「人の国際的移動」，「安全保障」，「経済協力」，「市民教育」などを課題として学生たちが選択してきた。

### （2）事前研修

課題が決まると，まずは日本人同士で PBL と TBL での協働学習が始まる。課題の現状や対策案について，出来る限りの調査，情報収集をしてい

| in Busan-Fukuoka | in Seoul-Fukuoka | in Taipei-Fukuoka | in Hawaii |
| --- | --- | --- | --- |
| 少子高齢化 | 少子高齢化 | 少子高齢化 | 人の国際的移動 |
| 外国人労働者受け入れ | 外国人労働者受け入れ | 外国人労働者受け入れ | 安全保障 |
| 若者の未来 | 災害と安全 | 文化遺産の保存と観光開発 | 市民教育 |
| | | | 経済協力 |

**図 2**　これまでの協働学習で取り上げてきた共通課題

く。海外研修でのディスカッションで予想される議論の論点を定め，情報を集めるなどして議論に備える。海外研修が始まると，予想していた論点が外れることもあるが，学生たちはその都度修正をしていきながら，更に問題の本質に迫っていく。

（3）海外研修

事前研修で定めた論点をベースにして進める。現地での講義，フィールドワーク，海外の学生とのディスカッションを通して，課題への理解を深め，解決策を見出す。事前研修で整理した論点は，現地での体験と議論を経ながら変化していくが，それに対応していく中で，視野の広がり，変化への対応力，情報収集力や情報発信力などが，単なる知識としてだけでなく，実際のスキル，能力として身についていく。

（4）事後研修

学生の事後アンケートやレポートをもとに，総括ワークショップを実施し，学生相互の共有を図る。そのうえで，報告会を開催し，学習成果を広く共有する場を持つ。報告会にはプログラムに参加した韓国や台湾の学生も参加し，気づきや成長した点を発表し合う。海外の学生との協働学習を通して成長した自分に学生自らが気づき，CAP での経験を長期留学など，次のステップへ進むために活かしてくれることを期待している。

# 第3章
# 参加者の募集

## 3.1　募集方法

4月の新学期に九州大学国際部が企画する留学フェア，韓国語や中国語クラス，CAPのホームページ，留学メールマガジンなどで案内を行っている。

**図1**　募集案内チラシ（2018年度）

### 3.1.1 授業での案内

担当教員が4月に学部1，2年生の授業を回って募集の案内をしている。特に，韓国語や中国語などの語学授業，政治学概論や教育学概論のように，主に1年生が受けている授業に出向き，CAPを15分程度で紹介し，参加を呼びかける。韓国語クラスでは，主にCAP in Busan-FukuokaとCAP in Seoul-Fukuokaの案内を，中国語クラスではCAP in Taipei-Fukuokaの案内を行っている。研修先の言語を学んでいる学生であれば，より関心が高いと考え，紹介している。しかし蓋を開けてみると，学生たちは自分たちの第2外国語とほぼ関係なく海外研修先を選択している。

このように授業に出向いてまで説明をしている理由は，4月に入学したばかりの1年生が，留学プログラムに関する情報をどこで得れば良いのかが分からず，チャンスを逃してしまうケースが多いからである。あるいは，まだ自分が1年生だからと，自ら進んでプログラムに参加しようとする人が多くない現状もあるからである。そのような学生たちに，情報を提供することで，チャレンジするきっかけを与えたいと考えている。

### 3.1.2 CAPのウェブサイトでの広報

ウェブサイト（http://rcks.kyushu-u.ac.jp/cap/）で募集要項を確認することができ，各プログラムの概要と応募用紙がダウンロードできるようになっている。また，プログラムの活動が分かる動画や写真にもアクセスできる。

### 3.1.3 留学メールマガジンでの配信

九州大学国際部留学課が学生向けに運営しているメールマガジンでも，海外留学情報の一つとして配信してもらっている。ただし，このメールを受け取るためには，学生が事前にメールマガジン登録をしておく必要がある。

**図 2**　CAP のホームページ

## 3.2　募集時期

募集は，プログラムの 4ヶ月前に行っている。例えば，8 月に実施する CAP in Busan-Fukuoka の場合は，4 月に募集を開始し，5 月末には面接を経て参加者を確定している。一方で，2 月に実施の CAP in Seoul-Fukuoka は，前年 10 月に募集を行い，11 月中旬に面接をする。参加人数については，毎年，連携大学と協議をする。先方のその年の受け入れ可能人数によって，少々変動があるが，概ね表 1 のような参加人数となっている。各学生が自分の興味ある地域を選択して応募する形式になっている。

表1　募集人数，募集時期

| | 参加大学 | 募集人数 | 募集開始 | 募集締切り | 面接 |
|---|---|---|---|---|---|
| CAP in Busan-Fukuoka | 釜山大学<br>九州大学<br>西南学院大学<br>鹿児島大学 | 韓国 50<br>日本 50 | 4月 | 5月の3週目 | 5月20日頃 |
| CAP in Seoul-Fukuoka | ソウル大学<br>高麗大学<br>延世大学<br>九州大学<br>西南学院大学 | 韓国 20<br>日本 20 | 10月 | 11月の1週目 | 11月10日頃 |
| CAP in Taipei-Fukuoka | 国立政治大学<br>九州大学 | 台湾 20<br>日本 20 | 4月 | 5月の3週目 | 5月20日頃 |
| CAP in Hawaii | ソウル大学<br>高麗大学<br>延世大学<br>九州大学<br>西南学院大学<br>ハワイ州立大学 | 韓国 10<br>日本 10<br>米国 10 | 4月 | 5月の3週目 | 5月20日頃 |

## 3.3　応募資格

CAPの募集対象者は，学部1，2年生である。1，2年次という早い段階で，海外の学生と協働学習をする楽しさ，または難しさを体験できる場を提供し，そこでの体験をもとに，長期留学を含む海外留学へ挑戦できるように手助けするためである。表2は，参加学生の学部構成をまとめたものである。毎年，ほぼ全学部から参加者が集まっている。また，九州大学からの参加者の場合は，1年生の数が圧倒的に多い。

**表 2**　参加者の学部構成（2014～2018 年度）　（人）

| | 2014 | 2015 | 2016 | 2017 | 2018 | 計 |
|---|---|---|---|---|---|---|
| 文学部 | 8 | 4 | 3 | 8 | 4 | 27 |
| 教育学部 | 2 | 1 | 3 | 1 | 1 | 8 |
| 法学部 | 5 | 8 | 8 | 7 | 4 | 32 |
| 経済学部 | 2 | 5 | 3 | 11 | 5 | 26 |
| 理学部 | 6 | 4 | 4 | 2 | 2 | 18 |
| 医学部 | 1 | 2 | 2 | 2 | 1 | 8 |
| 歯学部 | 1 | 0 | 1 | 0 | 0 | 2 |
| 薬学部 | 1 | 0 | 2 | 1 | 0 | 4 |
| 工学部 | 7 | 5 | 5 | 2 | 5 | 24 |
| 芸術工学部 | 1 | 2 | 4 | 1 | 1 | 9 |
| 農学部 | 6 | 4 | 5 | 4 | 6 | 25 |
| 21 世紀プログラム | 3 | 1 | 3 | 3 | 1 | 11 |
| 共創学部（2018 年度に新設） | – | – | – | – | 5 | 5 |

## 3.4　参加費用

主な費用は，往復航空券と宿泊代である。CAP in Busan-Fukuoka と CAP in Seoul-Fukuoka がそれぞれ合計で約 9 万円，CAP in Taipei-Fukuoka の場合は約 8 万円かかる。宿泊代は，相互訪問形式のプログラムであるため，研修先での 1 週間と福岡での 1 週間，合計 2 週間分の滞在費となる。CAP in Hawaii は，往復航空券と宿泊代（ハワイ州立大学が手配した市内ホテルに宿泊）合わせて，約 25 万円になる。欧米への短期留学に比べ，比較的安い費用で参加できるようになっている。ただし，個人の食事代や週末に行われる学生主導のフィールドワーク費用は含まれていない。

## 3.5　渡航支援

毎年，CAP in Busan-Fukuoka と CAP in Seoul-Fukuoka，そして CAP in Taipei-Fukuoka の参加者のうち，7～8 割の学生は日本学生支援機構（JASSO）から奨学金（返済義務のない渡航支援金）を受給している。このように JASSO からの支援を受けると，学生は実質 2 万円程度の負担のみで参加できる。

CAP in Hawaii の参加者の場合は，福岡県が実施している「世界に打って出る若者育成事業」から支援を受けてきた。この補助は公募型であるため，毎年担当教員が申請書を準備し，学内選考を経てから福岡県に応募しているが，2015 年 CAP in Hawaii を開始して以来，幸いにも毎年支援対象事業として採択されている。これによって現地での宿泊代を賄うことができた。福岡県から支援を受けた学生は，プログラム終了後，県が主催する報告会「ふくおか若者魁大会」で成果報告及び展示ブースの出展をしている。

## 3.6　書類審査と面接による選抜

参加を希望する学生から応募申込書を受け付け，まず書類審査を行う。書類合格した学生たちは，担当教員が面接を実施して最終合格者を選抜している。面接は，参加者を選ぶことだけでなく，プログラムでの活動や参加後の成長を後押しすることを念頭に入れた方法で実施している。ちなみに毎年の志願者数は，各プログラムの募集人数の 1.5 倍から 2 倍程度となっている。

### 3.6.1　第 1 次選考（書類審査）

学生は，応募申込書を募集要項に記載されている締め切り日までに CAP の事務局宛にメールで送る必要がある。募集が，CAP in Seoul-Fukuoka 以外は 1，2 年生を対象に 4 月に行われているため，2 年生のみに成績（GPA）を求めている。1 次選考では，TOEFL，TOEIC，英検などの英語成績，留学への意気込みに関する志望動機を総合的に判断して選考している。但し，英語スコアに関しては，グローバル人材へのファーストステップというCAPの趣旨から，海外渡航前の英語授業の内容，レベル決めの参考にしている程度である。

応募申込書は，基本的な情報に加え，志望動機を400字でまとめてもらっている。プログラムへの期待や現地の学生との協働学習に対する意気込み，自分の得意分野を活かしてどのような貢献ができるかについて述べてもらっている。CAP in Hawaiiの場合は，募集要項に提示されている課題のうち，学生が海外の学生と学び合いたい課題を選択してもらい，その理由も記入してもらっている。プログラム内で学生たちをグループ分けする時には，この応募申込書に書かれた学生の興味を考慮している。

### 3.6.2　第2次選考（面接）

#### (1) 個人への質問

第1次選考合格者には，3~4人のグループ面接を実施している。まずは，それぞれの学生に順番に質問をし，次にグループワークを実施する。最初の個人への質問では，3分程度で自己アピールをしてもらった後，応募申込書の内容をもとに，面接教員3人からの質問に答えてもらう。事前研修から海外研修までの公式プログラムすべてに参加でき，積極的に活動していく覚悟があるのか，CAPでの経験をどのようなことに活かしたいのか，などを確認している。また，これまで頑張ってきたことを1つあげてもらい，なぜそれに取り組んだのか，どのような難しさがあり，どのようにそれを乗り越えてきたのかについて，具体的に話してもらっている。中学や高校でリーダーとしての役割を果たした，のようにただやったことの羅列をするのではなく，それをやりながら何を考え，何を得たのか，どんな成長を遂げたのかについて，アピールしてもらうのが狙いである。

例えば，ある学生は，高校時代に，東南アジアにある自校の姉妹校から学生がやってきて，交流会を行った時のことについて話してくれた。初日，東南アジアからの学生の英語が聞き取りづらく，コミュニケーションが大変だったそうである。しかし，その日の夜，一日を振り返りながら，自分の中で彼らを心から受け入れていなかったのではないかという疑問が湧き，英語の発音云々ではなく，自分自身の中に相手に対する偏見があったことが真の問題であったことに気づき，心を改めたそうである。このような新たな気持ちで次の日に臨むと，無理なく英語でコミュニケーションがとれるようになったという話であった。彼女の話は，特に印象に残った答えの一つである。この学生がCAPに参加しながら何か困難な課題に直面した際には，自分を振り返り，必要に応じて考えを修正したり，周囲の人とコミュニケーションをとったりして成長していくだろうことが容易に想像できた。

初回オリエンテーションの時に，選考面接はどうだったかと学生たちに聞くと，「これまで頑張ってきたこと」について答えることが非常に難しかったとよく言われる。そんな時，担当教員の私からは，CAPに参加したという事実が，次のステップに活きるのではなく，プログラムの中で何をしたのか，何を考えたのかが重要であり，そのためには，自分を振り返る柔軟性や謙虚さが必要である。それを確認するための質問であると説明している。言語，文化，考え方が異なる学生と2~3週間を共に過ごすことは，決して楽しいことばかりではない。グループメンバーの意見が同じ方向に向かわなかったり，議論がまとまらないこともある。その中で，どのように自分を振り返りつつ，他者とコミュニケーションをとり，改善策を見出していくかが求められる。プログラム終了後のレポートやアンケート作成は，このような問題意識を持ってまとめるように指導している。

(2) 面接でのグループワーク

個人への質問が終わると，グループワークに移る。課題は図3の3つの中から1つを選んでもらい，15分間話し合い，その結果を報告してもらう。学生同士でリーダーや書記，タイムキーパーを決めてから，議論を進める。リーダーを務めたからといって加点するわけではない。グループの中でそれぞれの役割を認識しながら動いているかどうかがより重要である。そして，議論した内容の報告が終わると，再び個人への質問に移る。グループワークの中で自分が最も力を入れた部分と，もしうまくいかなかった部分があったのなら，次回に向けてどのように改善したいのかを一人ずつ順番に答えてもらっている。

このようなグループワークを実施している理由は，CAP が多くのグループ活動で構成されているためである。海外の学生と混合グループを作り，フィールドワークや共通課題に関するディスカッション，プレゼンテーション，ビジネスワークショップに取り組む必要がある。リーダーシップを取る人もいれば，それを記録する人も必要である。それぞれの役割を認識して協働学習に臨むことが求められる。それを選考面接の段階から経験してもらうことで，CAP の性格を明確に理解した上で参加できるようにしている。

**テーマ A**

**外国人に福岡を紹介するなら，どこを選びますか。3箇所を選び，その理由をあげてください。**

・グループでひとつのものを作りあげてください。
・時間：15分
・対象：福岡を訪問したことがない外国人

**テーマ B**

**学内ツアーを企画してください。**

・グループでひとつのものを作りあげてください。
・時間：15分
・対象：福岡を訪問したことがない外国人

**テーマ C**

**九州大学のイメージアップのためにはどんな戦略が必要か。その理由も説明してください。**

・グループでひとつのものを作りあげてください。
・時間：15分

**図3**　グループワークの課題

## 3.7　合格者オリエンテーション

合格者向けのオリエンテーションでは，プログラムのスケジュール確認のほか，第1回目の事前学習での課題や英語クラスなどの事前研修について詳しく説明している。またビジネスワークショップについては，どの企業のワークショップに参加したいのか，第3希望まで提出してもらっている。なるべく参加者の興味関心に沿ったプログラム運営となるように心掛けている。

そして事務手続きとしては，パスポートの提出や奨学金申請書（JASSO

などの支援金への申請），同意書（未成年者は保護者の同意が必須），誓約書（大学を代表して責任感をもって参加できるように），海外渡航届などを提出するように案内を行う。CAP in Seoul-Fukuoka 2018 のオリエンテーション資料は表 3 のとおりである。

**表 3**　合格者オリエンテーション資料

CAP in Seoul-Fukuoka 2018
オリエンテーション
日時：2018 年 11 月 14 日（水）18：30-19：30

1．プログラムのスケジュールについて
2．事前研修（事前学習・語学クラス）について
　1）事前学習「韓国社会の理解」（1 単位）
　　履修登録はアジア太平洋カレッジオフィスが一括で行います。
　　日程：
　　　第 1 回　12 月 08 日（土）　9：00～12：10
　　　第 2 回　12 月 15 日（土）　9：00～12：10
　　　第 3 回　01 月 12 日（土）　9：00～12：10
　　　第 4 回　01 月 26 日（土）　9：00～12：10
　　第 1 回の事前課題：本のレビューを提出
　　　・李鍾元・木宮正史ほか編『戦後日韓関係史』有斐閣，2017 の第 6 章と第 7 章
　　　　分量：2000 字（新たな発見を中心に要約，事前学習で論点にしたい点）
　　　　締切：12 月 6 日（木）（Moodle で提出）
　2）英語クラス
　　日時：11 月 20 日（火）開始～1 月 22 日（火）まで
　　毎週火曜日 18：30～19：30
3．グループについて
　日韓混成グループを作って，ディスカッションやフィールドワークを行います。

４．パスポートについて

パスポートの写真が載っているページをA4用紙にコピーして提出してください。

・すでに取得している人　締切：11月28日（水）

・これから申請・更新する人　締切：12月21日（金）

５．国内・海外旅行保険について

保険内容が確定次第，連絡します。

６．奨学金について

希望する人は必要書類や締切日をしっかり確認してください。

書類提出締切：12月10日（月）

７．提出書類について

同意書　押印した原本を提出（締切：12月10日（月））

※プログラム期間中，未成年者のみ提出

誓約書　押印した原本を提出（締切：12月10日（月））

海外渡航届（参考）（締切：プログラムが始まるまでに）

※様式は「学務部学生支援課学生支援係」で受け取ってください。

保護者連絡先・健康状態についての連絡票・旅行参加申込書

後ほどメールで様式を送ります。入力しメール添付で提出してください。（締切：12月10日（月））

旅行申込書

後ほどメールで様式を送ります。入力しメール添付で提出してください。（締切：12月10日（月））

# 第 4 章
# 事前研修

CAP のように，PBL と TBL で海外の学生と学び合うプログラムを実施するには，事前研修の中身を綿密に練る必要がある。事前研修でどれだけ学生たちを準備させたかによって，研修先でのプログラムに対する満足度が大きく変わってくるからである。海外研修前の事前研修で，海外の学生と議論する予定の課題について，論点を絞り込んでおくならば，短い期間の海外研修であっても高い教育的効果を得ることができるのである。

## 4.1　事前研修の構成

CAP の事前研修は「事前学習」，「英語クラス」，「OB，OG との座談会」，「安全教育」，そして「事前アンケート」を組み合わせた構成になっている（図 1）。「事前学習」は集中講義を開講して行っている。九州大学はクォーター制を導入しているため，8 回授業（1 単位）の科目を開講できる。海外渡航前の事前学習を実施するにはちょうどいい回数である。このクォーター制を活用して，CAP in Busan-Fukuoka は「韓国学への招待」，CAP in Seoul-Fukuoka は「韓国社会の理解」，CAP in Taipei-Fukuoka は，「東アジア社会変動の理解」，CAP in Hawaii は「グローバルアジェンダの理解」という科目を開講している。

「英語クラス」は，CAP の共通言語が英語であるため，ネイティブスピーカーが教える少人数クラスを開講し，海外研修でのディスカッションとプレゼンテーションに備えている。

「OB,OG との座談会」では，OB,OG がこれから CAP に参加する後輩たちに対し，事前研修・海外研修に対するアドバイスや，CAP の経験を次のステップに活かす方法について，語ってくれる。海外研修前に先輩たちの話を聞くことによって，CAP への参加がゴールではなく，むしろ，次のステップへ進むためのファーストステップであることを，学生たちが認識するようになる。この座談会は，CAP 終了後に交換留学に行ってきた OB, OG たちが中心となって執り行っている。

「安全教育」は，海外旅行保険への加入や，フィールドワーク時の注意事項，日本外務省の海外旅行登録サイト「たびレジ」への登録を案内するなど，学生の安全意識を高める目的で実施している。

「事前アンケート」は，CAP 参加に対して学生が期待していること，またその期待を実現するために，学生自身が何をすべきなのかについて，事前に本人に考えてもらう目的のものである。学生たちは，海外研修から帰国後，この事前アンケートと照らし合わせながら，事後アンケートにも記入する。参加前に立てた目標を，実際どの程度達成できたのか，学生自ら評価するのである。多くの気づきと動機付けを学生にもたらす作業であり，学生が CAP での経験を活かして次のステップに進むためには，欠かせない作業である。

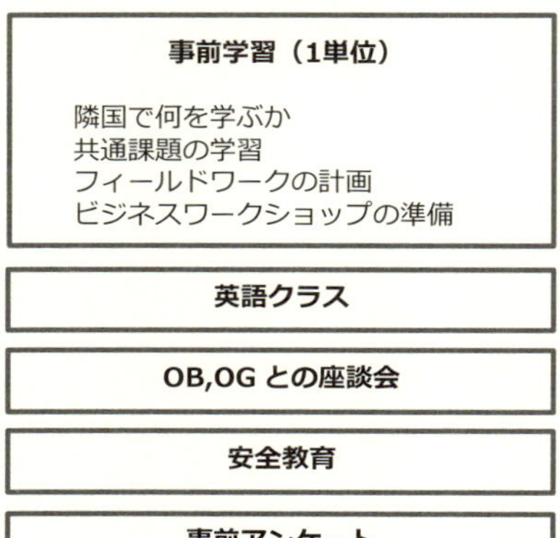


**図 1**　事前研修の構成

## 4.2　事前学習

「事前学習」の時間は，「隣国で何を学ぶか」，「共通課題の学習」，「フィールドワークの計画」，「ビジネスワークショップの準備」の4つのパートで構成されている。これらを8回の授業に組み込んで実施している。担当教員は，海外の学生との協働学習に備える，という明確な目標意識を学生自身が持って事前学習に臨めるように授業を進めている。

### 4.2.1 「隣国で何を学ぶか」

事前学習のイントロダクションとして，「隣国で何を学ぶか」という授業を実施している。CAP では，なぜ隣国を学びの舞台として選んでいるのか，その理由を学生たちと共有し，現場で何を学び，現地の学生とどのような課題を設定して協働学習するかについて考える時間を持つ。アジアの国や地域を理解することは，一見すると自分たちの生活とはなんの関係もなさそうに見えるが，実は，むしろ日本社会が現在抱えている諸問題への理解を助けてくれることを，学生たちに，ぜひ知ってもらいたいと思っている。

そこで，この時間には，各国・各地域の特徴や抱えている社会問題，また日本との関係に絞って授業をしている。CAP in Busan-Fukuoka と CAP in Seoul-Fukuoka の場合は，現代韓国の社会を理解するために欠かせない「南北分断」と「経済発展」，そして「民主化」を扱う。さらに，日韓関係については，歴史認識問題をめぐって政治摩擦が続いている現状がある一方で，実は両国がさまざまな共通課題を抱えていることに触れる。日本と韓国は非常に似た社会構造を持ち，「少子高齢化」や「外国人労働者受け入れ」などの共通課題を抱えており，新たな協力の領域を見出していく必要があることも説明する。

CAP in Taipei-Fukuoka の事前学習では，中国との関係をはじめとする複雑な国際関係やアイデンティティの確立をめぐって奮闘している台湾社会に焦点を当てている。日台関係については，日韓関係との比較も行いながら理解を深めていく。

CAP in Hawaii の事前学習では，ハワイ王国の米国への併合の歴史や日本，中国，韓国からの移民の歴史に触れる。特に，旧日本軍による真珠湾攻撃の後，強制収容所に送られ，また米国への忠誠心を求められて米軍に入隊させられたなど，戦争に翻弄されながらも，戦後，日米関係を支える存在となっていった日系人社会について学ぶ。さらに，「地上の楽園」というイメージとは裏腹に，ホームレスや新たな移民受け入れ，過度な観光開発などのさまざまな課題を抱えているハワイの現状についても取り上げる。

学生たちは，自分の研修先の国や地域が抱えている課題の多くが日本の抱える課題と同様であるにもかかわらず，日本とは異なる対応策が取られている現状も知ることで，共通課題の多様な側面に気づくことができる。「少子高齢化」と「外国人労働者受け入れ」問題を例にとってみれば，韓国は多文化社会を目指し，2004 年から外国人労働者受け入れに必要な法整備を行ってきた。台湾もまた，東アジアに位置しながら，多文化共生先進国と呼ばれるほど，早くから外国人労働者の受け入れを進め，多文化社会を実現している。そして，ハワイの場合は，移民社会として，米国の中でも珍しく，民族的マジョリティ不在の社会を形成していることで知られている。一方，日本は少子高齢化社会に既に突入しているものの，海外からの労働者受け入れについては長い間消極的であった。しかし，労働力不足による競争力低下を懸念する産業界の求めに応じる形で，2018 年 12 月に入国管理法が改正され，2019 年 4 月に施行された。今後，日本社会で外国人労働者の受け入れをめぐって発生し得るさまざまな課題を，台湾や韓国社会は既に経験してきている。このように，同じ課題を先に経験してきた，あるいは今，同じように経験している海外の学生たちと考えや体験を共有することで，これからますます多文化共生社会になっていくであろう日本社会，またアジア地域の課題に対し，日本人学生が当事者意識をもって問題解決を真剣に考えるようになるのである。

#### 4.2.2 「共通課題の学習」

前述したように，日本での事前研修の段階から， 学生は PBL と TBL 形式で共通課題に取り組む。ここでは 2018 年度の事前学習で実施した「少子

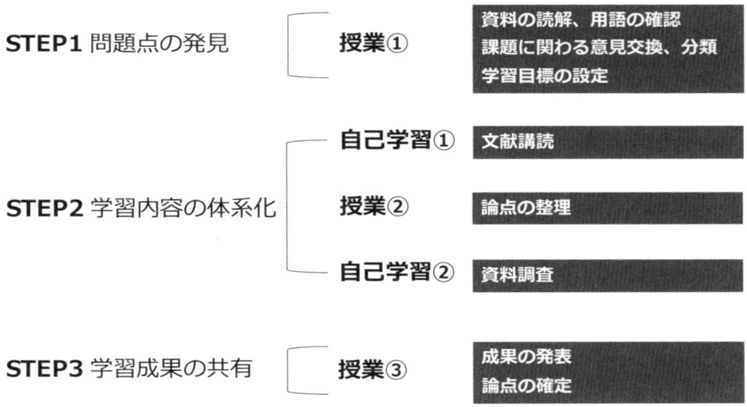


**図2**　事前学習における PBL と TBL のプロセス

高齢化と外国人労働者受け入れ」という課題を中心に，事前学習における PBL と TBL 方式を説明する。図2のように，「問題点の発見」→「学習内容の体系化」→「学習成果の共有」の3つのステップからなる授業と自己学習を実施している。

● 授業①

担当教員が講義を行った後，課題に関連する情報が載っているリーディング資料を学生に読んでもらう。日本をはじめ東アジアの国々に同じ課題が存在していること，また，それぞれの国で受け止め方や対策に違いがあることに学生が気づき，関心を呼び起こすことが目的である。リーディング資料は，課題によって担当教員自身が執筆したものを使用したり，新聞記事やコラムなどを使用したりする。「少子高齢化と外国人労働者受け入れ」という課題に関しては，「いまも日本で働きたいですか」（The Asahi Simbun GLOBE, January 2018 No.201）という記事を使用した。東南アジアからの労働者が日本，韓国，台湾にどのように受け入れられているのか，送り出す国々と受け入れ国の対応にはどのような違いがあるのかなどを比較した記事である。

学生たちは，知らない単語や概念にチェックを入れながら記事を読み進め，自分でそれらについて調べる。その上で，自分が考えたことや疑問をグループメンバーと共有し，ディスカッションに移る。そして，出された意見を分類していく。こうした過程を経て，グループごとに学ぶべき学習目標を自分たちで設定する。

表1は，第1回目の授業での，あるグループワークの内容である。記事を読みながら浮かんだ疑問点について学生同士で意見を交わし，既知情報と，新情報とを分類した。そして，グループとしてこれから何を学んでいきたいのか，何について調べていきたいのかについて意見交換を行い，学習目標を

**表1**　授業①におけるディスカッションのまとめ

| |
|---|
| 第1回　事前学習　（2018年6月〇〇日）<br>1．調べたい用語…高度人材ポイント制<br>2．記事に対する意見<br>・外国人の待遇が良くないにもかかわらず，日本で働きたい人が2割もいることに驚いた。<br>原因として日本の会社への良いイメージがあること<br>しかし日本と外国では労働者に対する考え方が違う<br>日本…雇用者が雇ってあげているなどの上から目線，意識が低い。驕りがある<br>外国…労働人材は宝。労働者を大切に扱っている<br>その結果として労働人材が他の国に流れて行っている<br>日本の外国人受け入れ態勢は他国と比べて遅れている<br>少子高齢化によって労働人口は減っているにもかかわらず日本人の中に問題意識が低い<br>→日本も他国の制度を見習うべき<br>・外国人労働者受け入れにおけるお金の問題<br>過酷な労働にもかかわらずもらえる賃金が低い<br>実習扱いと称して雇用者が人件費を低く抑えていることが原因の一つ<br>労働者を派遣する仲介業者も問題における原因の一つ<br>→他国における労働者の待遇や日本における外国人労働者の待遇について知りたい<br>3．学習目標<br>・日本と他国の外国人労働者への扱いを調べ，日本で活かせるものを調べる<br>・日本における外国人労働者への法律や制度について詳しく知る |

設定している。これで，次のステップへ進む準備が整ったことになる。

授業中に設定したグループの学習目標は，授業後に九州大学のe-Learningシステムであるムードル（Moodle）にアップロードし，グループメンバーの間で共有する（図3）。そしてその学習目標をもとに，各自が自己学習を進める。ディスカッションを通して各自の問題意識を発展させていく事前学習の特徴上，学生が互いの問題意識を共有できる場がある事は非常に重要である。当初はメールでの共有を行っていたが，事前学習全体のプロセスが分かるようにムードルでの共有に切り替えた。

● 自己学習①

グループごとに設定した学習目標を踏まえながら，リーディングリストに提示されている課題本や参考文献を読み進めていく。担当教員が提示したリストには，一般書（入門書）だけでなく，専門書も含まれている。リーディングリストは，いずれも日本社会の現状を紹介し，その問題点と改善策を提示しているものである。第1回目の授業では，学生の関心を呼び起こす目的で断片的な情報しか扱っていないが，自己学習では，学生はまとまった情報に触れ，課題の複雑さや社会への影響など，その課題をめぐる全体像を理解するようになる。

学生は，文献を読み，次の授業でグループメンバーとディスカッションするための論点をまとめ，授業の2日前までに提出しなければならない。担当

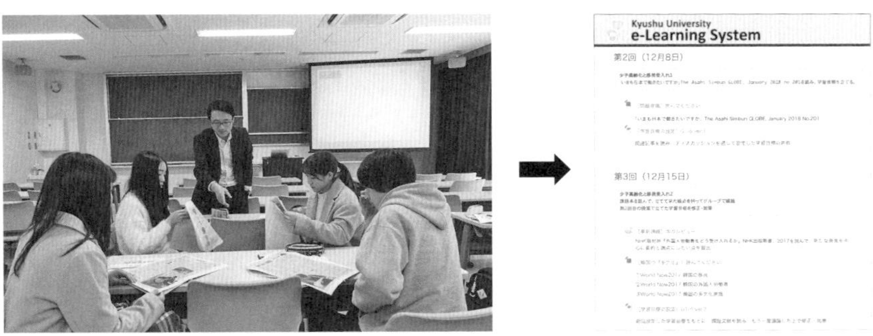


資料の読解→学習目標の設定　　ムードルで共有

**図3**　学習目標の設定と共有

教員は，学生から提出されたまとめをもとに，学生の疑問点や関心を把握し，次の授業に備える。

● 授業②

第2回目の授業では，前回の授業で設定した学習目標のアップデートを主に行う。学生が自己学習で読んだ文献から答えが得られた部分もあるが，依然として残る疑問に関しては，さらに調査していく必要がある。また，グループメンバーとのディスカッションでは課題の解決案を提示し合う。ここで課題に対する自分たちの考えを自由に出し合うことは，課題への理解が深まることにつながるだけでなく，海外研修でのディスカッションのためにも非常に役立つ。最後に，ディスカッションで得られた内容をもとに，海外研修で海外の学生とディスカッションする論点を整理する。

表2は，さきほどのグループが，第2回目の授業でのディスカッション後にまとめた内容である。ディスカッションが非常に活発に行われ，かつ広がりを見せていることが分かる。

**表2** 授業②におけるディスカッションのまとめ

| |
|---|
| 第2回　事前学習　（2018年6月○○日） |
| 1．学習目標の答え |
| ①外国：ドイツ，スペイン，台湾，韓国 |
| ・他の移民受け入れ国も試行錯誤あり。現在成功している国の例↓ |
| 台湾：政府がまず移民を受け入れる |
| ドイツ：ドイツ語に関する勉強を強制的にさせる（週？月？に60時間） |
| スペイン（バルセロナ）：噂をなくす，正しい情報を流す |
| 韓国：自国民を優先した後に移民を雇用する政策（雇用許可制） |
| ※他国の例 |
| ・受け入れ国のコミュニティと分断⇒治安悪化 |
| ・移民の流入によって新しい文化が流入⇒地域活性 |
| ②技能教習制度：移民受け入れのネック |
| ・現在日本に労働に来るにはこの制度を利用するほかない。 |
| ・受け入れ業種が少なく，滞在期間も短い。実習先でひどい扱いを受けることも。 |
| 2．依然残る課題 |
| ・日本は人口減少・移民問題に関して危機感なさすぎ |

ex）課題本より，東京圏の少子高齢化　人口減少　気づかない
・「移民」という言葉に抵抗あり。新しい定義必要か？
・政権変わるたび，移民政策が変わる？
⇒移民にいいイメージのない国民に忖度して政府が移民に否定的な政策に切り替える。メディアも情報を発信しようとしない。
・あくまで技能実習生として採用，介護系の資格を持つ人などでも永住できない
・高度人材ばかり求めるが提示条件・報酬がよくない
⇒より良い受け入れ条件を提示する他国との人材獲得競争に負ける（日本の影響力低下）

3．問題解決案

・受け入れる側の心構えを変える必要あり
・現状としてデメリットばかり考えてしまっているのでは？ ex)仕事奪われる
・現状移民に否定的な政策であるのは移民に否定的な高齢者たちが選挙で幅を利かせているから。しかし，これから深刻化する人口減少や移民問題の当事者は若者
・政府，メディアが積極的に肯定していくべきでは？⇒国民の心理的ケア
・段階的に（実験的に）受け入れては？
ex）コンビニ店員ほとんど外国人だが抵抗少ない
留学生と議論するのは全然大丈夫。企業はこの延長か？（ただ外国人の割合が増えたら分からない）
・移民を受け入れるのは人口問題が原因⇒日本人の出生率上げるべき？⇒厳しいのでやっぱり移民が必要かも
・移民でも少子化起こりうるのでは？⇒宗教的な理由からどんどん子供産むはず。
・日本が補助金だして，外国人が起業したところに日本人を雇ってもらえば日本人も負けじと起業するかも？！
・自国民優先採用（韓国の雇用許可制にならって）⇒埋まらなかった枠に移民を採用するのは？（ただ日本人がやらない仕事は移民もやりたがらないかも）
・日本が求める日本語レベル高すぎ？⇒英語公用語 or 学校・企業は英語，家庭内は日本語など，受け入れ側の私たちが変わるべき

4．議論したいこと

・日本が移民に求める日本語能力のボーダーが高すぎ？　言語が移民受け入れのネックになってるのでは？⇒移民受け入れに成功している国はその点どうしている？

まとめ

・移民が盛んになるには受け入れ側である日本が変わらないといけない
⊕日本人は臆病，慎重だが，外国人は起業積極的にするはず⇒ GDP アップ
⊖日本の人口が減る一方，外国人移民が大量流入⇒乗っ取られる？

● 自己学習②

第2回目の自己学習では，第2回目の授業で学習目標のアップデートを行いながら，新たに浮かび上がった疑問や論点について調査を行う。2018年度のCAP in Seoul-Fukuokaの事前学習では，同年12月に入国管理法の改正が行われたことを受け，日本社会でなされている議論について調査を行った。閣議決定された2018年10月末から，入国管理法の改正後の12月末までの新聞記事をスクラップし，その主な論点を整理した。この自己学習は，次の4点に注目しながら取り組むようにした。(1) 新しい制度の理解，(2) 法案審議で浮かび上がった争点，(3) これまでの問題点は解決されたのか，(4) 依然として残る課題は何なのか，である。学生たちは主に解説記事や社説，国会での論議，外国の事例紹介を中心に情報収集した。これまでの2回の授業で行われたディスカッションで浮かび上がった既存の受け入れ制度の問題点が，入国管理法改正で改善されるかどうかについて考えることを次の授業の目標とした。

● 授業③

自己学習②で調査した内容をもとに，ディスカッションを深めていく。第1回目の授業で設定し，第2回目の授業でアップデートした学習目標が，どれくらい達成されたかを確認し，学習成果をまとめたプレゼンテーションを行う。さらに，海外研修で海外の学生とディスカッションする論点を固める。最終的に設定された論点については，第5章の海外研修の第1節 CAP in Seoul-Fukuoka 2018（70～72頁）を参照されたい。

PBLとTBL形式で事前学習を行ったことに対し，参加学生からは，「自分の考えを持って海外研修に臨むことができた」，「事前にまとめた論点を基礎として，現地の学生とディスカッションを進めることができた」，「海外研修で日本の現状はどうなのかと問われることが多く，そこで事前学習の内容が答えになることが多かった」といった感想が多く出ている。

その一方で，「ここまで丁寧な事前学習をしなくてもよいのではないか」，「1回の授業で全てやってしまってもよいのではないか」という疑問を呈した学生もいた。これらの意見に対して，担当教員として伝えたいことは，最終的にまとめた論点以上に重要なのが，そこにたどり着くまでの過程であるということである。この過程を経たからこそ，課題の背景や原因を理解するだけでなく，当事者意識をもって解決策を考え，今後の課題も整理し，充実した中身のある論点を持って海外学生との協働学習に備えることができたのである。海外研修前に，日本人同士で協働学習をする過程で，互いに刺激を受け，一人では思いつかないようなアイディアが出てくることを体験する。それが自信につながり，海外研修のディスカッションでも積極的に参加できるようになるのである。特に議論が苦手な学生が多いとされる日本の学生は，前もって議論の論点を準備することで，海外研修での議論に参加し易くなる。これらはPBLとTBLで事前学習を行うことで得られる最大の利点だと言える。

### 4.2.3　フィールドワークの計画

CAPでのフィールドワークは，課題型と自由型に分けて実施している。課題型は，海外研修での協働学習の課題に関連する現場を回って，課題に対する理解を深めるために実施している。事前学習の時間に，フィールドワーク先の選定理由について説明し，必要に応じて学生が事前調査を行うこともある。例えば，2018年度のCAP in Seoul-Fukuokaでは，「外国人労働者受け入れ」に関しては，外国人の就労支援を行っている「株式会社インターアジア」を訪問した。「災害と安全」に関しては，熊本地震に対する自治体の災害対応と課題を市や町の担当者に伺ったり，仮設住宅を訪問したりしたが，学生は訪問先について事前に調べることで，課題との関連性を理解してプログラムに臨むことができた。こうした調査活動は学生のモチベーションを上げることにもつながる。

また，両国の関係を理解する上で重要な場所を，参加学生全員で訪問できるように，担当教員が訪問先を設定して実施する。CAP in Seoul-FukuokaやCAP in Busan-Fukuokaの場合は，太宰府にある水城跡や大野城跡，名護屋城跡などを一緒に見学している。近現代史だけでなく，古代からの長いタイムスパンで日韓関係を考える時間を持つためである。事前研修の際に，日韓両国の学生が兪弘濬の『日本の中の朝鮮をゆく 九州編』（岩波書店，2015年）を読んでから，フィールドワークに臨んでいる。同書は韓国書籍の翻訳であり，「九州と朝鮮半島のつながり」について多くの情報を提供してくれている。

CAP in Taipei-Fukuokaの場合は，日清講話条約締結の舞台となった下関の春帆楼を訪問している。春帆楼の敷地内に条約締結の場所を再現した記念館があるが，日本と台湾の学生が一緒に見学している。

CAP in Hawaiiの場合は，パールハーバー（Pearl Harbor）ではアリゾナ・メモリアルや戦艦ミズーリ号を見学し，太平洋戦争の始まりと終わりの歴史に触れる。そして，日本文化センター（Japanese Cultural Center of Hawaii）では，ハワイにおける日系人社会の苦悩と変遷を学ぶ。日米韓の学生が一緒に見学し，歴史の今日的意味について共有する。

自由型フィールドワークは，言葉どおり学生の目線でそれぞれの地元と文化などを自由に紹介しあうものである。福岡では，九州大学と西南学院大学の学生が，ソウルではソウル大学や高麗大学の学生が主導して実施する。CAP in Taipei-Fukuokaにおいても同様である。普通の観光では訪れないような場所を，同世代の学生によって案内してもらい，現地の人々の実生活に触れる機会として活用している。海外研修期間中の土曜日か日曜日を自由型フィールドワークに当てて，学生たちは日韓，日台の混合グループで終日フィールドワークに行く。

この自由型フィールドワークについては，学生たちがグループごとに事前提出した計画案に対して，担当教員がアドバイスを行い，単純なショッピングや観光ではなく，文化や生活を紹介するものとなるように計画を立てさせている。ホスト国の学生たちはその案をベースに，相手国・地域の学生の意見や希望も取り入れ，スケジュールを調整しながら，自分たちの町や文化を紹介していく。

### 4.2.4 ビジネスワークショップの準備

ビジネスワークショップは，CAP in Busan-FukuokaとCAP in Seoul-Fukuoka，CAP in Hawaiiの期間中に実施している。この企業でのワークショップは，必ずしもその企業や業界に就職することを目的としていない。

さまざまな社会問題に対する問題解決力を高めることに重点を置いている。学生たちは企業が提示した課題について約2ヶ月間グループで調査やディスカッションを重ね，学生らしいアイディアを持ち寄って課題の解決策を提案する形式で実施している。

企業から提示されるプレゼンテーション課題は，社会問題と関連している場合が多く，その解決方法を模索することで，参加学生にとっては自分の専門知識を実社会に活かす方法について考える良い機会となっている。また，企業がどのようなことに関心を持ってビジネスを展開しているのかを知ることができる。海外駐在経験のある社員の方やCEOが，現場での体験をもとに，学生のプレゼンテーションにフィードバックをしてくださっている。1，2年の学生にとっては，得難い貴重な経験となっている。

（1）企業との連携

CAP in Busan-FukuokaとCAP in Seoul-Fukuokaで学生を受け入れてくださった福岡の企業は，12社（公益財団法人福岡観光コンベンションビューロー，九州電力株式会社，日本通運株式会社，西日本電信電話株式会社（NTT西日本），住友商事九州株式会社，福岡ソフトバンクホークス株式会社，RKB毎日放送株式会社，株式会社やまやコミュニケーションズ，株式会社安川電機，株式会社ゼンリン，株式会社七尾製菓，西日本鉄道株式会社）にのぼる。それぞれ商社や機械，通信，観光，物流，飲食分野において，福岡ひいては日本を代表する企業である。当初は，日韓の地域連携を目指す「福岡・釜山フォーラム」に参加する企業に協力して頂いていたが，徐々に，フォーラム外の企業からもご支援頂き，現在に至っている。企業でのビジネスワークショップは，大学が企画した国際共同教育プログラムと企業の地域的な国際連携の試みが合体して，グローバル人材を育成していくという点で，画期的な意味を持っている。

CAP in Hawaiiでは，ハワイ州のホノルル市に本社があるHonolulu Star Advertiser，Hawaii Coffee Company，Roberts Hawaii，Ohana Pacific Bankの4社の協力を得ながらビジネスワークショップを実施してきた。企業側は，社会貢献の一環として協力したいとワークショップの実施を快く承諾してくださっている。

毎年，年度初めに企業を訪問し，受け入れをお願いし，終了後には総括を行っている。例えば，CAP in Busan-Fukuoka の場合は，毎年 4 月から 5 月にかけて担当教員が企業を訪問し，学生受け入れの依頼をしている。そして，学生が行うプレゼンテーションの課題やワークショップ当日の運営について，企業側と打ち合わせをする。8 月にビジネスワークショップを実施した後には，再度担当教員が企業を訪問し，学生のアンケート等を企業側にお見せしながら，成果と今後の改善点などについて総括している。

当初は大学と企業の間で協定書を締結して実施していたが，3 年前からは，学生が責任感を持って参加できるように，学生個人が受け入れ先企業に誓約書を提出する形式に改めた。誓約書は企業から得た情報を第三者に漏洩しないことなどを約束する内容となっている。学生自身が誓約書を提出することで，より責任感を持ってワークショップに臨むようになった。

（2）準備過程

企業でのプレゼンテーションは，企業ごとに 3~5 人のグループを作って準備していく。訪問先企業は，学生に訪問したい企業を第 3 希望まで出してもらい，決定している。できる限り，学生個人の関心を尊重し，本人の興味関心に沿って選ぶことで，やる気を持って参加できるようにしている。

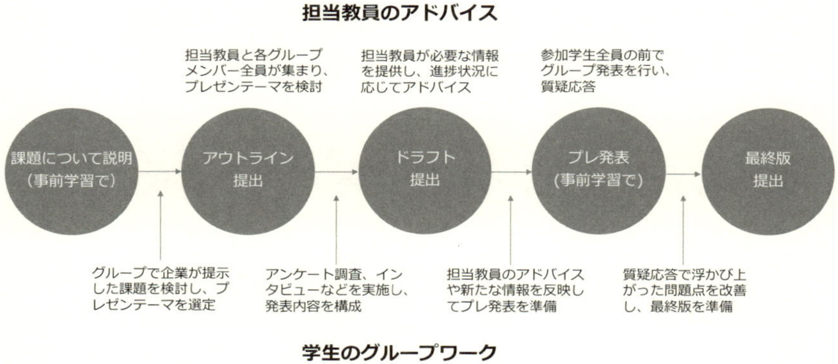


**図 4**　ビジネスワークショップの準備

企業から提示された課題に対して，学生たちは約2ヶ月間担当教員からアドバイスを受けながら，自分たちで準備を進める（図4)。海外研修直前のプレゼンテーション練習は，事前学習の時間を利用して，すべてのグループが集まってプレゼンテーションと質疑応答を行う。他のグループの発表内容，課題の捉え方と比較しながら，自分たちの足りない部分を補っていく。

担当教員は，企業からの課題を学生たちに説明する段階から，積極的に学生たちの準備活動に加わり，アドバイスを行う。各グループが具体的なプレゼンテーション主題を決める時が，最も気を遣う場面である。学生たちは，与えられた課題に対してディスカッションを重ね，扱う範囲を絞り，実際に自分たちがプレゼンテーションするための主題を摑む必要がある。この段階をうまくクリアするかどうかによって，その後のグループでの準備がスムーズに進むかどうかが決まる。

学生たちはグループで話し合ったアウトラインをもって，担当教員の助言を受けながら主題を固めていく。担当教員は，企業から提示された課題に関する各業界の状況について十分に調査が行われ，主題に沿ってアウトラインがまとめられているかをチェックし，その内容でプレゼンテーションができるかを，学生と議論しながら確認していく。事前調査が足りなかったり，アイディアに目新しさが見えなかったりすれば，学生はアウトラインを再提出する。

また，資料作成においては，インターネット情報ばかりに頼るのではなく，課題と関連する場所の見学やアンケート調査などの実施をして，できるかぎり学生自らの足で集めたデータを持って中身を構成するようにしている。進捗状況に応じて担当教員が情報提供を行ったり，考えるべきポイントについてアドバイスをしている。グループでのディスカッションが活発になり，課題解決に向かうように支援する。

### ①　CAP in Seoul-Fukuoka，CAP in Busan-Fukuoka

2017年度から2018年度のビジネスワークショップを例に，CAPのビジネスワークショップに対する企業側の期待と，学生の実際の取り組みについて紹介したい。課題の多くが，企業の業務内容と関わっているだけでなく，今，日本やアジアの国々が抱えている社会問題とも深くつながっており，学生たちの関心を喚起するものとなっている。

● 住友商事九州株式会社

〈課題〉
東アジアをつなぐ新しいビジネスプラン

同社が手掛けている分野が多岐にわたっていることから，あえて大きな課題が出される。学生が自分の専攻と関心領域に沿ってプレゼンテーションの主題を決められるようにしている。グループメンバーで議論を進めていく中で主題を絞り，その過程で社会問題やビジネス現場に関心を持つようになってもらうことが企業の狙いである。これまでに何度かこの課題を提示して頂いたが，具体的な主題を見つけるまでにかなり苦労するグループが多かった。東アジアにおいて何が「つながって」おり，何が「つながっていない」のかを探求する必要がある。

学生たちは「国と地域をつなげる」というキーワードで，高齢化問題に注目して高齢者の施設を日中韓の3つの都市が連携して設立するプランや，日韓の複数の企業が持つ強みを活かして連携し，第3の地域へ進出するプランなど，学生らしい斬新なアイディアを持ち寄ってプレゼンテーションを準備した。

● 公益財団法人 福岡観光コンベンションビューロー

〈課題〉
以下の2つから1つ選択して準備して下さい
①ストレスのない滞在のため，福岡でこういうところがこうなったらもっと便利，こんなもの（ツールや情報など）があったら便利と思うことについて（ソフト面・ハード面）
②福岡で韓国人に人気がでそうな場所，まだあまり知られていない隠れた人気の場所について（観光地，飲食店，ショップなど）
〈当日のディスカッション課題〉
一方通行になりがちな日韓両国の人的交流を，どうやって双方向に安定的に増加させるか（政治，流行病，為替，震災など外的要因にとらわれず，人的交流をどう推進するか）

福岡市が海外でどれほどの認知度があるのか，観光地としての「福岡市」は，どのように外国人の目に映っているかについて問題意識を持ち，安定的にインバウンドを伸ばしていくための受け入れ態勢のあり方や「福岡」の魅力を発掘することに重点を置いたプレゼンテーションを準備した。

学生たちは，福岡を訪れたことのある外国人のSNSにアクセスして人気のスポットを調べたり，実際に自分たちが気になっている地区を訪問してお店の方にインタビューを行ったりしながら準備を進めた。

### ● 日本通運株式会社

〈課題〉
「日韓シームレス物流」において，次世代のシームレス物流を構築するために，さらに，どのような工夫が必要か

これまでに同社が取り組んできた「日韓シームレス物流」（日韓ダブルナンバー，洋上通関など）を踏まえて，グローバル物流の最適化をどのように実現していけば良いかを提案する課題である。物流が国から国へとスムーズに流れるためには，様々な壁を乗り越える必要があるが，各自が考えるシームレス物流のイメージを描き，それを実現するために，必要な工夫を考える。これまで九州及び日本に限定されてきた視野を日韓，さらには東アジアへと広げながら取り組むことが求められた。

企業の担当者は，日韓の学生に対して，ハブ港である釜山新港を活用することで九州だけでなく日本全体の物流が動いている現状に目を向けるように強調した。グループの中には直接博多港に出向き，その規模や利用状況を把握した上で新たな提案を出したことで，企業の担当者から高い評価を頂いたところもあった。また，ハブ港としての役割を果たしている釜山新港をどのように活用していけばよいのかに注目した提案も出された。この日本通運でのビジネスワークショップは，CAP in Busan-Fukuokaで実施されている。福岡－釜山間の地域連携が相互利益をもたらしていることで強く結ばれていることを学ぶことができる。

### ● RKB毎日放送株式会社

〈課題〉
日韓両国の若者がどうしても観たくなる海峡をつなぐ魅力ある番組とは
―アジアの玄関口・福岡の民放の視点から

良質であるとともに，日韓の相互理解に寄与し，同時に両国民に受け入れられ，高い視聴率を獲得できる番組づくりの提言が求められた。日韓両国民が互いに対して抱く感情をよい方向に向かわせる方法を考える時，メディアの役割は小さくない。

学生たちは，自分たちの興味や嗜好に留まることなく，最近の若者の考えを広く反映した番組を企画することに重点をおいた。アンケート調査を実施し，若者が望む番組とは何かを追求した。番組のテーマには旅行やシェアハウス，料理を取り入れたり，また，ドラマやトークショーなど，素材と形式にもとらわれない若者らしい自由な発想で準備した。

### ● 西日本電信電話株式会社（NTT 西日本）

〈課題〉
自国の教育において，ICT がどのように活用されているか
〈当日のディスカッション課題〉
これからの「教育× ICT」について

ICT を活用した教育が日韓の大学生たちにどのように受け止められているのかについて，また，さらなる発展のための新しい発想を学生目線で提示することが求められた。

学生たちは，就学前の幼児期から大学に至るまで，ICT が教育にどのように活かされているのかについてメンバー間で経験を共有し，手近な事例として，九州大学の e-Learning システムが，教員や学生の間にどの程度浸透し，授業でも活用されているのかを分析した。また，他の主要大学での事例も調査し，そこから浮かび上がった日本の教育現場の課題を整理した。このような過程を経ながらワークショップ当日のディスカッション課題に備えた。

### ● 九州電力株式会社

〈課題〉
再生可能エネルギーの普及拡大方案

東日本大震災と福島第一原発事故を受け，日本社会の電力需給のあり方が問われている中，将来のエネルギー構成について考えることが求められた。日韓ともに資源小国であることを考えれば，再生可能なエネルギー源を見出し，それを実

用化することは，両国が抱えている共通課題と言える。

学生たちは，自国のエネルギー構成の現状を理解するために，さまざまなデータを収集し，再生可能なエネルギー源をどのように選択し，組み合わせていくのか，またその普及拡大方法について考えた。

● 福岡ソフトバンクホークス株式会社

〈課題〉
福岡への海外旅行客を野球観戦に誘致するには？

スポーツマーケティングに関心を持ち，地域経済との連携という側面から課題に取り組むことが求められた。

学生たちは，野球観戦を含んだ観光商品が既に存在しているかを調査することから始めた。野球が人気スポーツとなっている韓国や台湾からの観光客が福岡を訪れた際に，夕方に球場に来てもらえるようなアイデアを出し合った。そして，試合中に行われているイベントが外国人にとって魅力的であるか，新しい取り組みとして日本人と外国人がともに楽しめるイベントを企画できないか，などについて議論を重ねた。

● 株式会社安川電機

〈課題〉
安川電機の製品群（モータ，インバータ，ロボット）を活用した新規事業展開プロジェクトの提案

現代社会が抱えている課題を解決するツールとして，ロボットをどのように活用できるかについて提案することが求められた。

学生たちは今後の社会変動を見据えた技術開発に重点を置いて議論を重ねた。少子高齢化社会に突入した日本社会が労働人口の減少という課題を抱えていることに着目し，製造業や農業における機械化やロボット化，また自動運転システムを装備した輸送車の開発，運行などについて議論し，プレゼンテーションを準備した。

② CAP in Hawaii

● Honolulu Star Advertiser

〈課題〉
Investigate newspapers' market situation in your country and propose the direction newspapers need to take for the future, and what they should do.

デジタル時代に新聞業界が直面している課題を，自国のメディア市場の状況をもとに理解し，改善措置を提案することが求められた。インターネットの普及にともない，紙新聞の需要が減っており，それが新聞の広告収入減につながっている現状は，程度の差はあるものの，日韓米の新聞業界が抱えている共通の課題である。

学生たちは新聞の生き残りをかけた取り組みを調査し，その効果について議論を重ねながら準備を進めた。新聞の紙版とデジタル版の組み合わせがどのように行われているのかについて調査するだけでなく，新聞社に直接問い合わせをし，新聞社の取り組みについて聞き取り調査を行った。また，実際，新聞の需要がどのように変化しているのかについてアンケート調査を行い，提案を準備した。

● Hawaii Coffee Company

〈課題〉
To assess the relative strengths and perceptions of Lion Coffee and Royal Kona Coffee in your country and propose a marketing strategy.

Hawaii Coffee Company を代表する主力商品の Lion Coffee と新たに市場でのシェアを伸ばしている Royal Kona Coffee がどのように市場に受け入れられているのかについて，市場調査に基づいて比較することが求められた。Royal Kona Coffee は，ハワイ島で生産されている 100％コナコーヒー使用の酸味が強い商品であり，値段も高い。他方，Lion Coffee はブレンドコーヒーであり，手頃な値段で楽しめる。

市場調査は，ハワイコーヒー社が市場調査を行う際に実際に使用しているアンケートをベースに，学生が設問を追加するなどの工夫を行った上で，小売店やコーヒーショップ，デパートのフードコーナーなどでインタビューを実施し，その結果をもとにマーケティング戦略を立てた。

● Roberts Hawaii

〈課題〉
Plan one day tour in Oahu for college students and how to promote it with 'Tour Aloha' mobile application.

大学生の観点から，オアフ島の1日ツアーを考え，それをRoberts Hawaiiが運営している'Tour Aloha'というアプリケーションを用いてプロモーションすることが求められた。

学生たちは，ハワイが抱える環境保護問題に注目して計画を立て，環境問題についても学びながらハワイの豊かな自然を楽しむ方法をアプリを通して提案することにした。ハワイに到着してからは，実際に自分たちが立てた計画通りに，ツアーを行い，修正を行った上で，ビジネスワークショップに臨んだ。

## 4.3　英語クラス

CAPでは参加学生のための少人数英語クラスを開講している。学生は，ネイティブスピーカーの講師による本クラスを，海外研修前の2ヶ月間にわたり受講する。CAPは英語を学ぶのが目的の語学留学プログラムではないが，海外の学生との協働学習を重視しているため，英語力アップのための地道な学習が欠かせない。英語が苦手で，英語でのディスカッションが難しいと感じている学生であっても，英語クラスを通して英語でのコミュニケーションに慣れ，自信を持って海外研修に参加できるように手助けをしている。

**写真1**　英語クラス

英語クラスでは，海外研修で活かせる英語が身につくように学習の工夫を行ってきた。1つ目の工夫は，毎週単語テストを実施することである。単語の暗記ほど地道な努力を要するものはないが，それなしには英語で適切な表現をするのは難しい。単語テストには『JACET8000 英単語』（桐原書店，2015）を使っている。同書は，大学英語教育学会が選定した 8000 単語を 1000 語ずつ，8 つのレベルに分けている。大学受験に必要なレベル 4 からはじめて，英語学習の最終目標とされるレベル 8 までの単語を暗記することを目指す。文章の中での使い方に留意したテストを行っている。

また，ディスカッション形式の教材を使って，学生が自分の意見を伝える練習をすることにも時間を割いた。教材は，『View Points 英語で自分の意見を言ってみよう』（三修社，2008）を使用した。社会問題に対する多様な見方が提示されており，自分の意見を伝えるための練習ができるように構成されている。

さらには，海外研修で扱う共通課題と関連する英文記事を読み，それについて質問し合いながら，英語でのコミュニケーション力を鍛えた。それぞれの記事に対して担当を決め，その担当者が前もって準備した質問に対し，他の学生が議論する形式で行う。学生からは，非常に難しく，面倒な学習方法だと嫌がられるが，やった後には，最も支持される英語学習法である。事前研修で自分に負荷をかけた分だけの成果が，海外研修で発揮されるからだ。

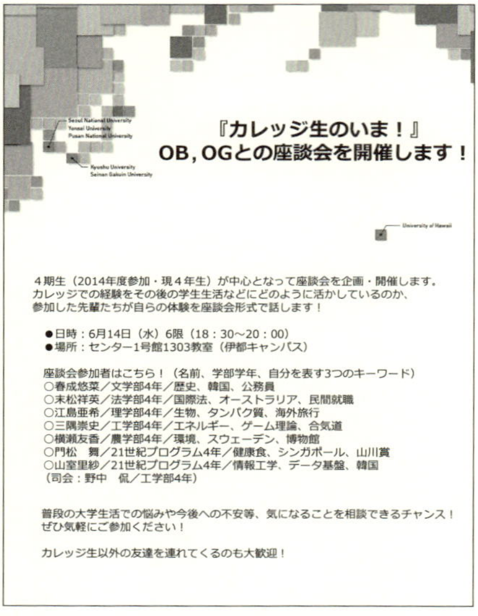


**図 5**　OB, OG との座談会ポスター

## 4.4　OB, OG との座談会

CAP では，事前研修の一環として，OB, OG との座談会を毎年開催している。プログラムでの経験をファーストステップに，そ

の後，長期留学をした３，４年生が中心となって，これからCAPに参加する１，２年生向けに，「カレッジ生のいま！」というタイトルで座談会を企画・運営してくれている（図５）。CAPで得た気付きをもとに，その後交換留学をはじめとしたさまざまな活動をどのようにしてきたかを紹介してくれる。

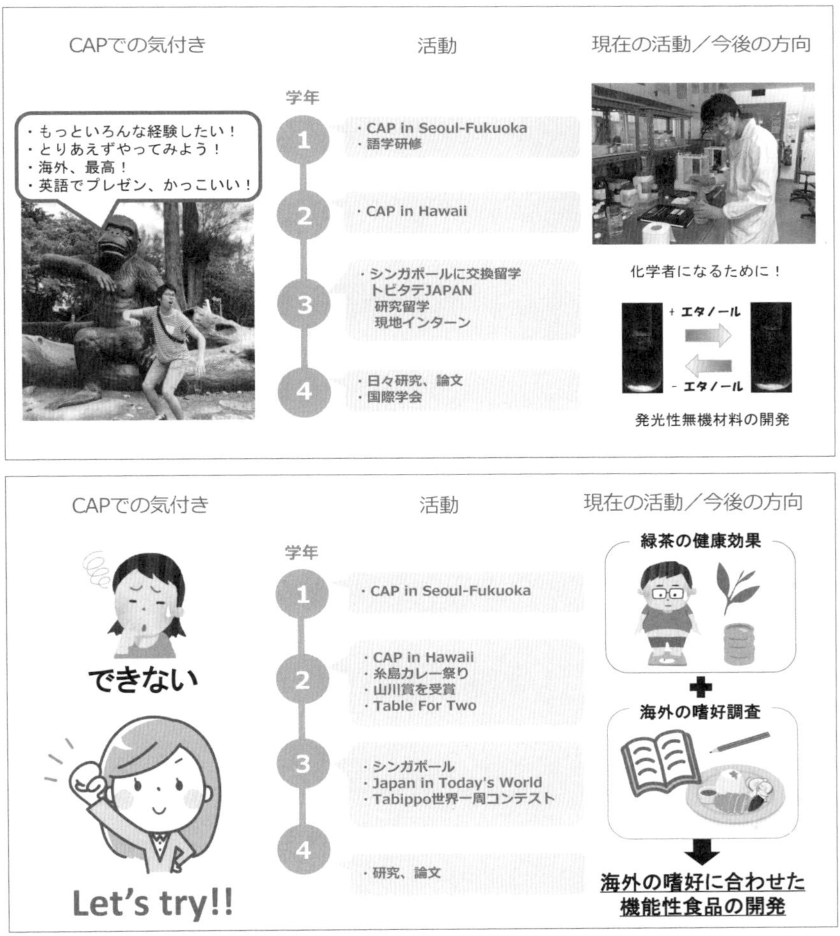


**図６**　OB, OGとの座談会の資料（2018年度）

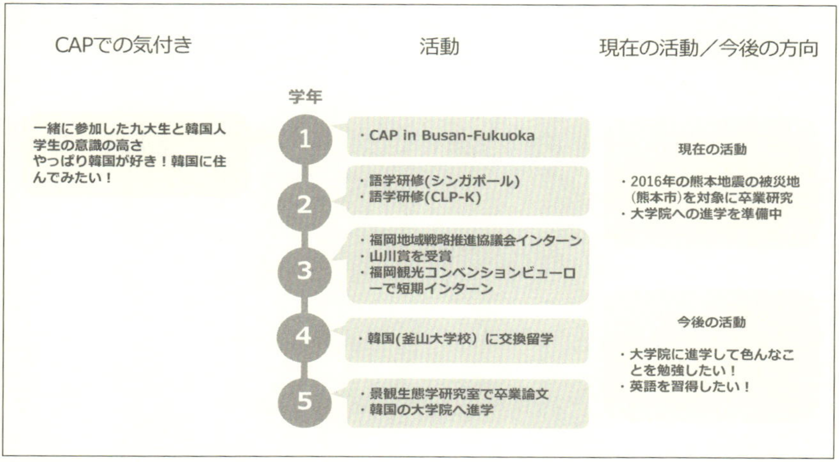


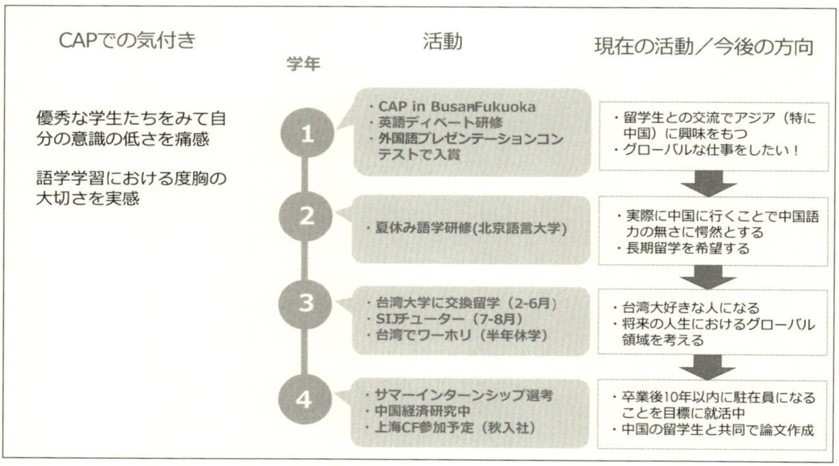


**図6** （続き）

図6は，座談会でOB, OGが自己紹介用に作成したスライドの一部である。CAPでの経験が出発点となり，その後，語学研修や交換留学，進学や就職に進んでいることが分かる内容となっている。座談会で話をしてくれるOB, OGの中には，もともと海外にあまり興味がなかった学生も少なくない。それが，グローバル人材へのファーストステップという気軽に参加でき

**写真2**　OB, OGとの座談会

るCAPの魅力に惹かれ，参加したことで，気づきを得て，積極的に日本の外の世界にチャレンジしていけるようになったことを紹介してくれている。OB, OGは1，2年生が自分自身のグローバル領域について考えるのを手伝ったり，次のステップへ進む方法や留学後の卒業タイミングまで，幅広い疑問に答えている。OB, OGが後輩たちのロールモデルとなり，海外への第一歩を踏み出すための勇気を与えてくれている。

## 4.5　安全教育

フィールドワークなど外部での活動が多いCAPでは，事前研修の一環として3回の安全教育を実施している。第1回目には，プログラムの特徴を説明するとともに，海外旅行保険の加入を義務付けていることと，保護者の参加同意書・参加者本人の誓約書の提出も義務付けていることを説明する。誓約書には，主に団体行動に関する注意事項を載せており，事故を未然に防ぐための注意喚起を行うことに重点を置いている。例えば，研修先では車やオートバイの運転を決してしないことを学生に約束してもらっている。

2回目の安全教育では，フィールドワークでの注意事項を伝えている。研修先である韓国のソウル市，釜山市，台湾の台北市，ハワイのホノルル市は，どこも比較的治安が安定している都市ではあるが，不測の事態に備える必要がある。現地の状況を説明し，訪問を避けるべき地域や場所などを詳細に伝え，注意喚起を行っている。

３回目の安全教育は，海外渡航の直前に実施し，現地での連絡や情報の取り方について共有する。自然災害などの情報を伝えてくれる日本外務省の海外旅行登録「たびレジ」の登録を義務付けている。また現地のインターネット状況や現地での担当教員の連絡先などを共有し，いつでも連絡が取れる環境をつくる。保護者にも滞在先，研修中のスケジュール，担当教員の連絡先，そしてプログラムを郵送し，学生の活動内容や居場所が分かるようにしている。常備薬に関しては，現地調達はせず，必ず学生自身が日本で準備して持参するようにしている。

## 4.6　事前アンケート

事前研修終了後，研修先での海外研修が始まる前に，全員に事前アンケートをとっている。プログラムで達成したい主な目標とその理由，またプログラム参加を通して身につけたい能力について具体的に書けるような設問にしている。よく見られる回答は，「グループワークに対する苦手意識を克服したい」，「英語力をアップしたい」，「ファーストステップとして活用して交換留学などへつなげたい」などの，自己啓発的な目標である。ほかには，「日韓関係が悪化している今だからこそ，韓国の文化やものの考え方に触れる機会にしたい」といった研修先への関心を回答する学生もいる。

海外研修終了後には，事前アンケートと照らし合わせながら，事後アンケートも記入してもらう。参加前に自分が立てた目標を，実際にどの程度達成できたかを自ら評価することで，CAP での経験を通して成長した点，気づきや今後の自分の課題などが整理でき，次のステップに向かう準備ができる。事前と事後アンケートの例については，第６章 事後研修を参照されたい。

第5章
# 海外研修

事前研修が終わると，いよいよ海外の学生たちとの共同生活が始まる。海外研修のスタートである。ここからは，そのプログラム内容について説明していく。

CAP in Seoul-Fukuoka と CAP in Busan-Fukuoka，CAP in Hawaii の海外研修では，「共通課題の学習」と「ビジネスワークショップ」の2つを並行で進めていく。CAP in Taipei-Fukuoka の場合は，「共通課題の学習」のみを行う。「共通課題の学習」では，海外学生とともに，共通課題について最終プレゼンテーションをすることを目標に，講義やフィールドワーク，また事前学習を通してまとめた論点をもとにディスカッションを重ねていく。「ビジネスワークショップ」では，企業を訪問し，前もって準備したプレゼンテーションを行う。

CAP in Seoul-Fukuoka，CAP in Busan-Fukuoka，CAP in Taipei-Fukuoka，CAP in Hawaii の4つのプログラムは，研修先は異なるものの，同じ構成になっている。ただし，プログラムの期間や研修先の特徴によっては，少々異なる組み方にしている場合がある。特に，「共通課題の学習」においては，以下で示す通り，それぞれのプログラムの特徴を活かす工夫をしている。

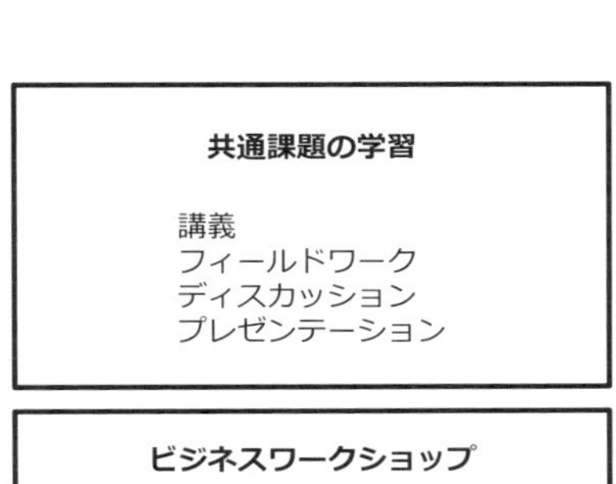

共通課題の学習
講義
フィールドワーク
ディスカッション
プレゼンテーション
ビジネスワークショップ

**図1**　海外研修の構成

より分かりやすいように，2018年度に実施した CAP in Seoul-Fukuoka 2018 と CAP in Taipei-Fukuoka 2018，CAP in Hawaii

2018を例に海外研修の詳しい内容を紹介していきたい。プログラム構成の説明だけでなく，各プログラムに対する学生の感想も加えておく。

## 5.1　CAP in Seoul-Fukuoka 2018

CAP in Seoul-Fukuoka 2018では，九州大学の学生15名と高麗大学の学生15名の計30名が2週間ともに過ごした。最初の1週間はソウルの高麗大学で，2週目は九州大学で学習した（図2）。

このプログラムで扱った共通課題は，Low Birth Rate and Aging Society, and Accepting Foreign Workers（「少子高齢化と外国人労働者の受け入れ」）とDisasters and Safety（「災害と安全」）の2つである。「少子高齢化と外国人労働者の受け入れ」では，外国人労働力に頼らざるを得な

CAP in Seoul 2.12～19 in Fukuoka 2.19～26

| Mon | Tue | Wed | Thu | Fri |
| --- | --- | --- | --- | --- |
| | **12**<br>**福岡→ソウル**<br>(日本人学生)<br>**開講式（高麗大学）**<br>**講義①**<br>Japan's Disaster Resilience, and Korea | **13**<br>**フィールドワーク①**<br>安山市多文化地区<br>**フィールドワーク②**<br>記憶教室 | **14**<br>**講義②**<br>Global Migration Phenomenon and New Challenges<br>**講義③**<br>Literary Works of Japan after Disasters | **15**<br>**講義④**<br>Understanding Sustainable Agriculture & Human Life from the Issue of the Precursor of Agricultural Fine Particulate Matter |
| **18**<br>**ディスカッション①-③**<br>Disasters and Safety<br>**最終プレゼンテーション** | **19**<br>**ソウル→福岡**<br>(日本人、韓国人学生) | **20**<br>**開講式（九州大学）**<br>**講義①**<br>The Aging Societies and Accepting Care Workers<br>**フィールドワーク①**<br>インターアジア | **21**<br>**ビジネスワークショップ**<br>・住友商事九州株式会社<br>・RKB毎日放送株式会社 | **22**<br>**講義②**<br>Dealing with Kumamoto Earthquake of April 2016 and its Lesson<br>**フィールドワーク②、③**<br>熊本城<br>益城町仮設住宅 |
| **25**<br>**ディスカッション③**<br>Low Birth Rate and Aging Society, and Accepting Foreign Workers<br>**最終プレゼンテーション** | **26**<br>**閉講式**<br>**福岡→ソウル**<br>(韓国人学生) | | | |

**図2**　2018年度のスケジュール

い日韓両国の現状について理解し，多文化共生社会のあり方について考えた。韓国は 2000 年代初頭から，多文化共生社会を目指して外国人労働者の受け入れに必要な法整備を行ってきた。それから 15 年以上が経過した。その間，不法滞在者問題など，新しい課題が発生するようになった。2019 年 4 月以降，外国人労働者を正式に受け入れるようになった日本でも，同じような課題が発生する可能性が高い。学生たちは，ソウルと福岡の両都市でこの課題についての講義を受け，またフィールドワークに行き，課題を共有した後に，浮かび上がった課題の解決策を盛り込んだプレゼンテーションを行った。

「災害と安全」では，東日本大震災（2011）や熊本地震（2016），韓国での浦項地震（2017）といった自然災害，また韓国の大型旅客船セウォル号の沈没事件（2014）といった人災に対する政府や社会の対応について考えた。朝鮮半島は，地震安全地帯であるとこれまで言われていたが，韓国南東部にある浦項周辺で地震が発生したことにより，そうではないことが判明した。災害大国と呼ばれる日本の災害対応から学ぶために災害学を確立しようとする動きが，韓国学界を中心に始まっている。そこで，学生たちはソウルでまず韓国の災害研究に触れ，日本の事例がどのように受け止められているのかについての講義やフィールドワークを行った上で，ディスカッションとプレゼンテーションを行った。その後，福岡に移ってから，熊本を訪問し，日本の地方自治体の災害対応について学んだ。

| Sat | Sun |
|---|---|
| **16**<br>**フィールドワーク③**<br>江華島 | **17**<br>**フィールドワーク④**<br>高麗大学生企画 |
| **23**<br>**ディスカッション①**<br>Low Birth Rate and Aging Society, and Accepting Foreign Workers<br>**ディスカッション②**<br>Low Birth Rate and Aging Society, and Accepting Foreign Workers | **24**<br>**フィールドワーク④**<br>九州大学生企画 |

このように，講義で共通課題に対する知識を深め，フィールドワークで調査したことをもとに，ディスカッションを行い，論点と解決策をまとめていく。そし

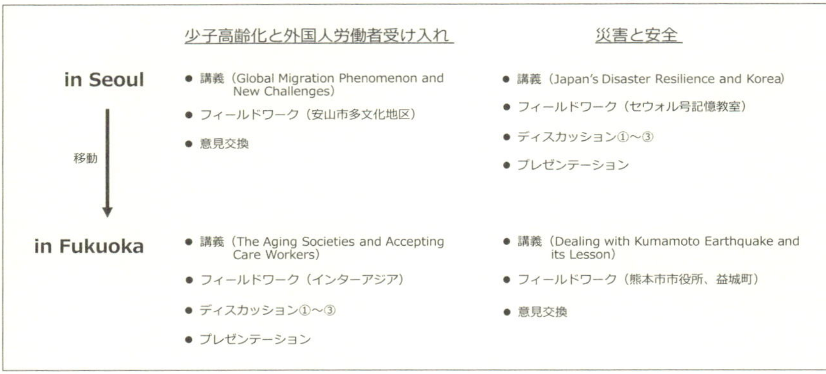

少子高齢化と外国人労働者受け入れ
災害と安全
in Seoul
講義（Global Migration Phenomenon and New Challenges）
フィールドワーク（安山市多文化地区）
意見交換
講義（Japan's Disaster Resilience and Korea）
フィールドワーク（セウォル号記憶教室）
ディスカッション①～③
プレゼンテーション
移動
in Fukuoka
講義（The Aging Societies and Accepting Care Workers）
フィールドワーク（インターアジア）
ディスカッション①～③
プレゼンテーション
講義（Dealing with Kumamoto Earthquake and its Lesson）
フィールドワーク（熊本市市役所、益城町）
意見交換


**図3**　プログラムの流れ

て，最終的には，グループごとにプレゼンテーションを行い，参加学生全員で成果を共有する。この一連の流れを示したのが図3である。

### 5.1.1　講義

共通課題の学習は講義から始まる。講義では問題の所在や解決に向けた対応を考える際に考慮すべき点などについて，高麗大学と九州大学の教員が問題提起し，ディスカッションのための材料を提供することに重点をおいた。学生たちは事前学習を通して課題に対する基本的な知識を既に習得しているので，ここでは韓国と日本の教員や専門家，現場担当者からの講義を通して，事前学習で解決できなかった疑問点について確認を行い，日韓学生混合グループでの協働学習に備えた。

課題「少子高齢化と外国人労働者受け入れ」に関する講義のうち2つを簡単に紹介しておく。ソウルで行われた「Global Migration Phenomenon and New Challenges」では，地理学の観点から，移民者たちがある特定の地区に集団的に居住し，経済活動をしている現状が示された。移民者の居住地区を示したデータがソウル市や区役所の移民政策の立案に有効的に活用されていることも紹介された。福岡で行われた「The Aging Societies and Accepting Care Workers」では，高齢化した日本社会において不足している介護労働者を海外の人材に頼っている現状が取り上げられた。

〈学生の感想〉「Global Migration Phenomenon and New Challenges」を受講して

移民受け入れ問題を地理学的観点から取り上げた講義でした。移民問題を政策の観点からではなく，同じ国の人々がある空間に集まり，自分たちの生活様式を貫いていく様子から現状を読み解いていくものでした。さまざまな移民者たちの生活ぶりが紹介されましたが，日本人に関する部分で印象的だったのは，閉鎖的雰囲気を持ち，また食の安全性を気にかけオーガニックを食べるために個別に農場に投資しているという日本人村の話です。居住地の区分と差別の関係については，必ずしも人種の差別によって居住地を分けられるというより，居住地の違いが差異を作り，差別を生み出しているという考え方も示され，興味深かったです。

（九州大学法学部２年　青江 美智子）

〈学生の感想〉「The Aging Societies and Accepting Care Workers」を受講して

日本は世界的に見てもとても早く高齢化が進み，少子化も進行しており，日本にはもっと多くのケアワーカーが必要であるという課題を抱えているが，ケアワーカーやケアスタッフとして働く人よりも仕事を辞めてしまう人のほうが多いと知り，とても驚きました。外国人ケアワーカーが増えていることはニュースなどでよく聞いたことがありましたが，その制度や日本で働くための手順などはよく知りませんでした。そのため，外国人がどのような手順でどのような試験を受けて日本でケアワーカーとして働くことになるのかを細かいところまで知ることができました。この講義を通して，少子高齢化社会である日本がとても重大な課題に直面していると改めて感じました。４月から新入管法

が施行されるため，今後この問題がどう解決していくのか，これからの社会を担っていく一員として，注意深くニュースなどを見ていこうと思っています。

（九州大学工学部１年　佐藤 綾）

課題「災害と安全」に関しては，ソウルで「Japan's Disaster Resilience, and Korea」を通して日本の地方自治体の災害ガバナンスについて学んだ後，熊本市役所を訪問して熊本地震発生時の担当者から「Dealing with Kumamoto Earthquake of April 2016 and its Lesson」と題した講演を受けた。日本の災害対応から学んで韓国に災害学を確立しようとしている研究者の講義をソウルで受けた後，熊本では現場で災害対応に当たってきた実務者の講演を聴いた。日本の地方自治体の災害対応や課題をより明確に理解する機会となった。

〈学生の感想〉「Japan's Disaster Resilience, and Korea」を受講して

この講義で焦点を当てたのはResilience（回復）です。その中でも，地方自治体による災害ガバナンスの重要さについて何度も強調されていました。もう一つ強調されていたのが，国家の枠組みを超えた災害研究の必要性です。韓国社会では，セウォル号事件の後に国内の災害対策とガバナンスについて改めて考え直す動きが高まり，災害先進国として育まれてきた日本の災害対策システムに学ぼうという考え方が広まりつつあるようです。しかし，私は正直なところ，日本の災害ガバナンスが韓国の教授や学生たちが絶賛するほど素晴らしいものだとは思えませんでした。日本と韓国の災害への意識や対応の違いに，より関心を持つようになったと同時に，日本の災害ガバナンスの欠点を洗い出し，さらなる大災害に備えなければならないと感じました。

（九州大学共創学部１年　大坪 英里奈）

〈学生の感想〉「Dealing with Kumamoto Earthquake of April 2016 and its Lesson」を受講して

2016 年４月に起きた熊本地震発生後の熊本市の状況について大きく４つの問題に直面していたことが分かりました。避難所，情報管理，被災者支援，支援物資の管理です。事情の異なる大勢の被災者が同時に避難し支援を待っており，大混乱の避難所。SNS 上でのデマ情報に振り回される被災者や職員。ボランティアや自治体のフォローをうまく統率できず非効率的だった支援供給。また，多くの支援物資の管理における人手不足など挙げられました。これらの課題に対して信用のある市長による SNS を通じた直接的な情報発信や，専門的な民間企業への委託など，マニュアルにはない判断で乗り越えたことが分かりました。熊本市では震災時の反省を生かした新たな災害準備や，役に立たなかった既存のマニュアルを改訂し他の被災地にその教訓を伝えています。熊本は地震の起きない安全な場所だという思い込みが想定外の課題を引き起こしました。「明日は我が身」という言葉を心にとどめて生活しなければならないと感じました。

（九州大学経済学部１年　畑田 航希）

## 5.1.2　フィールドワーク

### （１）課題型フィールドワーク

講義で知識をつけた後には，課題に即した場所を実際に訪れ，また関係者の話を直接聞く。課題「少子高齢化と外国人労働者受け入れ」では，韓国の安山市が設置した多文化地区を訪問し，外国人との共存を図っている町並みをフィールドワークしながら，自治体の政策と現場の状況について考える時間をもった。多文化センターにも足を運び，常駐する研究員から地区の現状と行政側の支援について説明を聞いた。

〈学生の感想〉「安山市多文化地区」を訪問して

辺りを見渡すと，韓国語だけでなく中国語，ロシア語が書かれた看板や中東系の国旗のある店が目に入り，一瞬どこの国にいるのか分からなくなるほど，本当に多くの“異文化”に囲まれた空間でした。今回は同じグループのメンバーで街を歩きましたが，ここに一人で足を踏み入れ，店に入り，何かを食べたり買ったりできるかと考えると，少し怖いような感じがしました。文字や店の外観はその国や地域の特色を顕著に表している一方，店内では韓国語が飛び交っており，働いている人々が韓国に順応しているといった印象を受けました。

（九州大学教育学部１年　荒牧 弓雅）

福岡に移動してからは，外国人向けに就労支援を行っている「株式会社インターアジア」（福岡県小郡市所在）という会社を訪問した。同社は 2006 年から在日外国人に特化したヘルパー講座を運営している。これまで 300 名の外国人が教育を受け，そのうちの約 100 名が介護現場で働いているという。また，2019 年 4 月からの新入国管理法施行に備えて，海外からの介護人材受け入れのための「ケアワーカー教育センター」設立を地元の諸機関と共同で手がけているとのことであった。政府による政策転換は行われたが，外国人の受け入れ体制は整備が追いついておらず，民間任せになっている現状が浮かび上がった。

〈学生の感想〉「インターアジア」を訪問して

実際にフィリピンから来日し，インターアジアで教育を受け，介護労働者として現場で長く働かれている方からも話を聞くことができました。自分の国とのあいさつ表現（ハグをするなど）の違い，言葉が伝わらないもどかしさ，いじめなどに苦しんだこともあったそうです。事前学習でも外国人の就労については勉強しましたが，机上では学ぶことのできなかった「生の声」を聴くことが

でき，外国人労働者を受け入れる国としての不十分な部分をこれまで以上にはっきりと認識することができました。深刻な少子高齢化による労働力不足を補ってくれる外国人労働者には感謝の気持ちを根底に持たなければならない。このインターアジアという企業を訪問して受入国の持つべき姿勢を改めて知ることができました。

（九州大学医学部１年　薮内 春菜）

課題「災害と安全」のフィールドワークでは，2014年のセウォル号事件で死亡した学生たちが通っていた高校の教室を保存している施設「セウォル号記憶教室」を訪問した。追悼施設をめぐる社会的摩擦が存在する中で，悲劇の記憶をどのように引き継いでいくべきかを考えるためである。日本では，熊本市役所を訪問した。危機管理防災担当者から2016年熊本地震の際の対応の問題点と教訓について説明を受けた後，最も大きな被害を受けた益城町の仮設住宅を訪問し，住民との懇談会を開いた。災害大国と呼ばれる日本ではあるが，自治体レベルではどのように備え，熊本地震で明らかになった課題は何か，そのような状況について住民たちはどのような認識を持っているのかについて，現場の状況から学ぶことができた。

〈学生の感想〉「セウォル号記憶教室」を訪問して

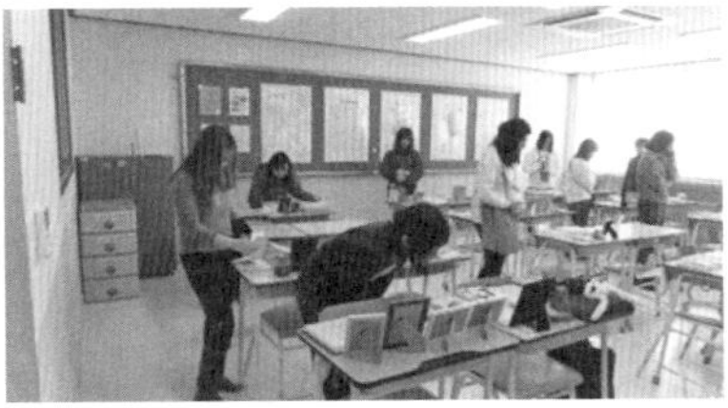

被害者の高校生のうちの一人のお母さんがこの場所が存在する意味をお話してくださいました。亡くなった高校生が一人一人紹介される動画を見たのですが，そのお母さんが「この高校生のなかの誰かひとりでもいいので覚えて帰ってください」と仰ったのが印象的でした。多くの犠牲者が出た高校の教室を再現されており，それぞれの生徒の机には家族や友達との写真や手紙が置い

てあり，私だけでなく韓国の学生も日本の学生も涙を流して見学しました。そのお母さんのお話では，教室をどこに残すかということで高校側とは意見が対立し，学校の中ではなく別の場所にこの「記憶教室」が作られたそうです。このような悲劇を繰り返さないために何かを残し伝えていくことの重要性と，必ずしも全員が同じ意見ではないことがあるのだと実感しました。

（九州大学教育学部１年　荒牧 弓雅）

〈学生の感想〉「益城町仮設住宅団地」での懇談会に参加して

510戸以上の家があり，大きな団地でしたが，若い人たちが家を建てて退所していき，今はお年寄りが多く住んでいるそうです。集会スペースが設けられ，みんなで集まって食事をしたり手の運動をしたりしているとのことですが，これにはボランティアの支援による部分もあるそうです。

九大の学生が日常から災害に備えて気を付けておくことを質問しましたが，ある女性は，非常袋はもともと用意していたのですが，大きな揺れで物が落ちてきて，非常袋を取り出すことが出来なかったので，必ず玄関に置いておいてください，とお話ししてくださいました。熊本市役所での講演に加えて，実際に今も仮設住宅で暮らす方々の様々な体験や意見を聞いて，災害の対処には行政だけでなく，私たち市民一人一人の意識が必要だと実感しました。

（九州大学法学部１年　久家 万穂）

（2）自由型フィールドワーク

課題型フィールドワークとは別に，学生たちが自分たちで自由に行先を決め，互いの国を紹介し合う自由型フィールドワークの時間ももった。事前学習で韓国と日本の学生がそれぞれ地元を紹介する計画を立て，その計画をもとに，ソウルでは韓国の学生が，福岡では日本の学生がそれぞれの地元を紹介した。同世代の学生同士で案内役を務め，互いの社会を比較しながら，現地の文化に触れる時間となった。

〈学生の感想〉ソウルでのフィールドワークに参加して

韓国の学生が広蔵市場と景福宮に連れて行ってくれました。市場では，韓国のグルメを楽しみました。景福宮では，日韓の歴史的な建物の違いに気づきました。この日一番関心を持ったのはソウルの中心部でデモ活動が行われていたことです。韓国では政府に対する不満を解消するために，署名をいたるところで集めているそうです。日本人の私の感覚ではそのようなキャンペーンでの意見は，実際はあまり反映されることのない意味のないもののように感じられてしまいますが，韓国では市民が声を出し，行動することは非常に重要なことだと捉えられているようでした。これも国の歴史がこのような考え方に影響しているのかなと感じました。韓国の学生と一緒にソウルの街を歩くことで，普段の旅行では知ることが出来ない事を学べた一日でした。

（九州大学農学部１年　吉崎 綾乃）

〈学生の感想〉福岡でのフィールドワークに参加して

事前にフィールドワークの計画は立てていたのですが，韓国人のメンバーの要望や好みに臨機応変に対応しながら楽しみました。私たちはまず太宰府へ行きました。ソウルでは日本人学生だけが韓服を着て景福宮を散策したので，この日は逆に韓国の学生が着物を着て太宰府天満宮を散策しました。大学入試の前日だったこともあり，多くの観光客で賑わっていました。参拝までの待ち時間が長かったので，韓国人学生に日本の「神道」という独特な考え方や神社の参拝方法などを教えました。日本の文化を説明するなかで気づいたことは，自分の知識が不十分だったということです。国際交流をする時は相手国の文化を知ることも重要ですが，自国の文化を知っておくことも同じように重要であるということに気づきました。この日はひと時ディスカッションのテーマから離れ，互いの趣味や文化，価値観について話すことができ，新たな発見を得ることができてとても楽しかったです。また，英語で会話をすることにもいつの間にか慣れたことが実感できた一日でした。

（九州大学農学部１年　大石 紗菜）

### 5.1.3　協働学習（ディスカッションとプレゼンテーション）

ディスカッションと最終プレゼンテーションは，図4のように，3つのステップ，4回の授業を通して行われた。日韓それぞれ3名ずつの混合グループをつくり，ディスカッションを重ねながら共通課題に対する問題解決案を練り，プレゼンテーションする。図4は，実際に学生たちに配布したプレゼンテーションまでの流れを説明する資料であり，各授業で取り組むべきタスクを示している。学生が全体の流れを理解した上でグループワークに積極的に取り組めるようにしている（基本的に，海外研修で学生に配布される資料は全て英語である）。

課題「少子高齢化と外国人労働者受け入れ」を例に，協働学習の進め方についてさらに詳しく説明する。課題「災害と安全」については，基本的に同じ流れであるため，詳細は省くこととする。

（1）「少子高齢化と外国人労働者受け入れ」

- STEP 1-Class ①

Class ①は，担当教員が用意したリーディング資料を読むことから始める。それぞれの大学での事前学習で既に整理してあった論点の中から共通す

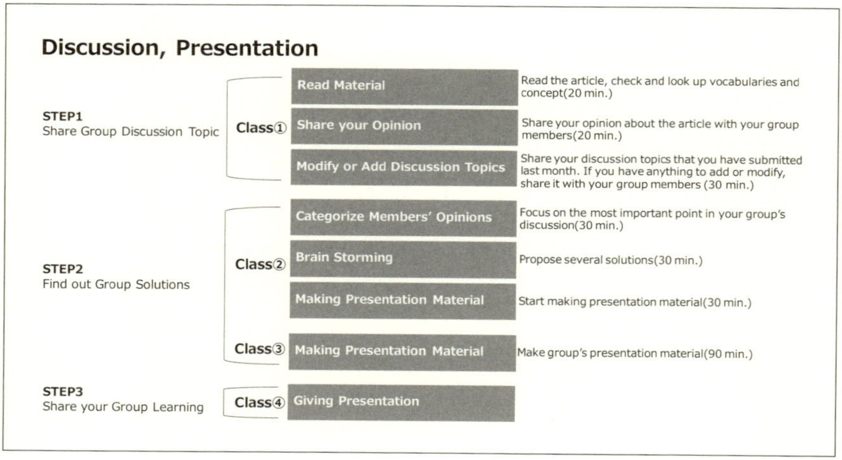


**図4**　協働学習の流れ（CAP in Seoul-Fukuoka）

るものに対応するリーディング資料を用意している。

このクラスでは，韓国が導入していた「雇用許可制」に対する学生の関心が高かったので，「雇用許可制」が韓国社会に実際にどのような影響を与えているのかについて整理した資料を学生たちに提示した。

資料を読み終わると，学生たちは表３のワークシートを利用して，資料の内容を整理する時間を持った。その後，資料の内容に対する意見をグループメンバーと共有した。こうすることで，議論が苦手な学生や英語力に自信がない学生も参加し易くなる。

日韓の学生の間で，資料の内容に対する受け止め方や政策に対する見方は一致しないことが多い。例えば，雇用許可制のもと，韓国で働く外国人労働者の現状は，待遇面などが報道されているのとは違うケースもあると，韓国の学生たちは考える。事前学習で日本人学生たちがまとめていた意見とは全く異なる考え方もあることを発見する。この一回目のクラスでは，まとめることを意識するよりも，自由に意見交換することに重点を置いた。学生たちは，一つ一つ互いの関心を確認し合いながら，議論を丁寧に進めていった。

海外研修の１週間前には，同じグループになる予定の日韓の学生の間で，それぞれの事前学習でまとめた論点を交換しあっていた。相手から提示された論点と，自分たちの論点を比較しながら，足りない部分に気づくだけでなく，相手の関心がどこにあるのかを知り，海外研修の前に調べておくべき部分が分かるからである。表１と２は，あるグループの韓国人学生と日本人学生がそれぞれ提示した論点である。それぞれの関心と考え方の違いがよく表れている。

相手の論点をみれば，海外研修で同じグループとなるメンバーたちが，どれだけ真剣に課題と向き合っているかも分かる。韓国人学生の論点を受け取った後に，もう一度グループで集まって話し合いを重ね，論点のアップデートを行った日本人学生グループもあった。このような準備は，相手の興味関心を事前に知っておくことでディスカッションの内容をある程度予測でき，足りない英語力を補う上でも効果的であった。

**表1** 韓国の学生グループが提示した論点

〈Korean Students〉 Group NO.○ Discussion Topic

## Low Birth Rate and Aging Society, and Accepting Foreign Workers

1. Fundamental Policies for Childbirth Promotion

These days, Korea and Japan are both struggling to solve the low birth rate, which will consequently result in lack of labor force in the future. To stop the upcoming threat of decreasing population, there is a need to talk about what policies should be made so that childbirth can be promoted 'fundamentally' . With only superficial policies such as taxes or financial supports, low birth rate can't be solved fundamentally. In Korea's case, there is an opinion that not individualism, but familism is the fundamental reason for decreasing marriage and childbirth. Sort of the welfare is required to be achieved by the family, not the government. On the other hand, Norway is the case that Korea and Japan should both think about. Norway promoted gender equality, and recommended men also to use parental leave, which resulted in better gender equality and childbirth. Policies for childbirth promotion is not a problem to rush about; it should consider the people's ideology and understandings about the society.

2. Hostility Towards Accepting Foreign Workers and its Reason

In Korea's case, the news report that refugees from Yemen started working in Jeju caused the public to express extreme hostility about it. Also in Japan's case, foreign workers for simple labor are increasing, and hostility towards it are expressed in ways of crime or exploitation. Even in US, where people from variety of nations live together, racial discrimination and conflict is always an issue. This seems to be connected with the human's deep-inside nature, where they want to conduct relationships with the people they find similar with them. Especially, Korea and Japan were a nation state until recently, and multiculturalism is a concept they are not familiar with. There is a necessity that we should go into the deep side part of this hostility, and find the key how to solve it.

3. Multiculturalism Policy in Korea and Japan
Neither Korea nor Japan is a country that considered to be 'multicultural'. In fact, the idea of homogenous ethnicity has played big part in Korea and Japan, with both countries partially believing that homogenous ethnicity as a positive trait and that it has had positive effects on their developments. Nevertheless, with birth rates dropping low and the world more globalized than ever before, it became inevitable to avoid having more immigrants in countries in future. We would like to exchange opinions of each country's multiculturalism policy, specifically on its history, current status, and effectiveness.

4. Constructing a Social Safety Net for Single-Person Households
As the public perception of family and marriage changes and life expectancy increases, the number of single-person households is on the rise. In Korea, single-person household has the highest percentage of the whole household categories. However, the single-person household is more likely to suffer from poverty. Especially, the single-person-households consisting of senior over 70s are faced with various problems such as health, insecurity in residence, and social isolation. Since the number of sing-person-households is expected to increase more in the future, we feel it is crucial to construct a social safety net for single-person households. We would like to share opinions about the current situation of each country, the role of government and society, and a direction of how a safety net should be constructed.

**表 2**　日本の学生グループが提示した論点

〈Japanese Students〉 Group NO.○ Discussion Topic

## Low Birth Rate and Aging Society, and Accepting Foreign Workers

1. Do Korean students feel close to foreign workers? What do you think about working with foreign workers when you do part-time job or will get a job in the future?

2. Korean government has introduced employment permit system since 2004. This policy influenced the increase in number of the foreign workers for simple labor. In addition, employment period was extended from three years to about ten years. There is a serious problem that more and more foreign workers stay in Korea illegally. But a lot of companies in Korea want them to continue working because of lack of labor forces. This problem may occur in Japan in the future by expanding the acceptance of foreign workers. So, we would like to discuss about how to solve illegal stay of foreign workers.

3. Japanese government has hesitated to accept foreign workers for simple labor because of some reasons. One of them is for fear of losing safety. For example, in some areas of Japan, illegal dumping repeated by foreign people is a serious problem. It is difficult for people to get accustomed to live in other countries because they do not understand the rules of the place. What should we do to make them understand culture and social morality?

4. What are the solutions for the loss of workers caused by aging society except to accept immigrations?

● STEP 2-Class ②

Class ①で出されたさまざまな意見を整理しカテゴライズする。その分類作業を経てから最終プレゼンテーションで主に取り上げる論点を3つ程度にしぼる。そしてそれぞれに対する解決案を見出す。スムーズに意見調整が行われる場合もあるが，重点を置きたいところが異なり，意見の対立が生じる時もある。その時には，自分の立場を説明し，相手を説得していく必要がある。残念ながら，この肝心な場面で英語力の限界を感じ，伝えたいことがうまく言えず，もどかしさを感じたという学生が少なくない。その一方で，日本人同士だけでのディスカッションとは異なるディスカッションの進み方になっているのに気がつく学生もいる。誰かが意見をいうと，そのままその方向に話が進んでいってしまう傾向が強い日本人とは異なり，小さなことでも疑問を提起し，とことん追求する韓国人の姿勢から，積極性を身につけるべきだと感じたという学生もいた。海外学生との PBL と TBL による協働学習の意義を最も体験できる時間である。

グループの中での意見がまとまってきたら，学生たちはプレゼンテーション資料の作成を始める。表4のワークシートを活用して，自分たちが見出した解決策の根拠を提示してプレゼンテーションのアウトラインを作成する。海外研修中は，事前学習とは違って自己学習の時間を設けていないが，学生たちは滞在先のホテルでグループごとに集まり，授業時間内ではまとまらなかったディスカッションを続けることがよくある。次の日にもディスカッションの授業があるにもかかわらずである。学生たちは，議論を続けたり，役割分担をして調査やスライド作成をしたり，自分たちで時間をつくってプレゼンテーションの準備を進めていくのである。

**表 3**　Class ①のワークシート

Class ①

## Assigned Reading Discussion

- Read the article. Check and look up vocabularies and concepts. (20 mins)

- Share your opinion about the article. (20 mins)

- Share your discussion topics that you have submitted last month. If you have anything to add or modify, share it with your group members. (30 mins)

**表4**　Class ②のワークシート

Class ②-2

## Making Presentation Material
## Outline draft

- Introduction：

- Key Point 1：

  Supporting Details：

  Supporting Details：

- Key Point 2：

  Supporting Details：

  Supporting Details：

- Conclusion：

● STEP 2-Class ③

学生たちはClass ②で作成したアウトラインと調べた内容をもとに，プレゼンテーション資料を作成する。プレゼンテーションでは，意見の一致があった点だけでなく，見解の違いや，結論に至らなかった部分についても取り上げるようにしている。無理やりまとめるよりも，意見の違いや立場の違いを理解し，争点となった部分を明確に認識することが，次のステップに向けてさらに重要であると考えているからである。

プレゼンテーション資料の作成にあたっては，ガイドラインを提示している（図5)。学生からは，慣れない英語での議論を整理するのに役立つという声がある反面，自由に作らせてほしいという意見も寄せられる。しかし，海外の学生とPBLとTBL型の協働学習を行うCAPの特徴を活かすために，あえて提示している。形式を統一することで，他のグループの意見が理解しやすくなり，自分たちのグループの意見と比較することも可能である。それによってプレゼンテーション後の質疑応答にも参加しやすくなる。

また，ガイドラインがあることで，共通課題の学習が一度限りのプレゼンテーションで終わってしまうのではなく，次につながっていくようになる。Summaryの次に，最後のスライドとして‘Future Work’を必ず示すようにさせている。今回の協働学習で新たに得た気づきが，重要で議論すべき

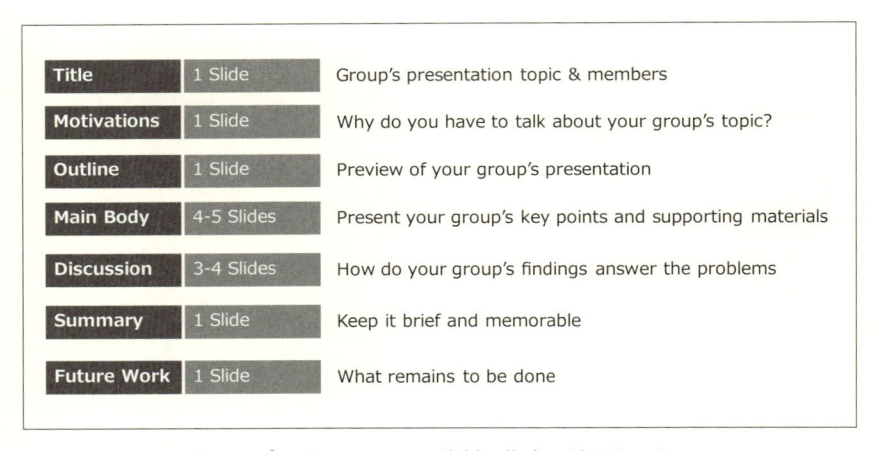

| | | |
|---|---|---|
| Title | 1 Slide | Group's presentation topic & members |
| Motivations | 1 Slide | Why do you have to talk about your group's topic? |
| Outline | 1 Slide | Preview of your group's presentation |
| Main Body | 4-5 Slides | Present your group's key points and supporting materials |
| Discussion | 3-4 Slides | How do your group's findings answer the problems |
| Summary | 1 Slide | Keep it brief and memorable |
| Future Work | 1 Slide | What remains to be done |

**図5**　プレゼンテーション資料の作成のガイドライン

ことだと分かっていながらも，時間などの制約により議論を尽くせなかったり，触れることができなかったりした場合は，その部分を‘Future Work’のスライドにまとめてもらう。自分たちが議論した内容をきちんと色分けすると同時に，引き続き調べ，考えを深めていく必要性のある課題であることも感じてもらうためである。

事前学習を行っているとはいえ，海外研修で４時間程度の，しかも慣れない英語での議論をもとに，課題に対する対策案を見出すことは決してやさしいことではない。ディスカッションの途中で新たな気づきを得たり，疑問が生じる学生も少なくないが，全ての疑問点を扱うことは難しく，現実的に無理である。クラスでは，論点を２つないしは３つ程度に絞って解決策を見出すのがやっとである。論点としては扱わなかったものの，他にもどのような課題が存在し，今後，それらをどのように調べていけばよいのかについて考える時間を持つことも，大切である。

● STEP 3-Class ④（最終プレゼンテーション）

最終プレゼンテーションはグループごとに発表し，質疑応答の時間も持つ。複数のグループが同じ共通課題に対して議論し，解決案を提示するため，自分たちのグループの意見や議論内容と比較しながら，他のグループの発表を聞くことができ，質問もしやすい。また，自分のグループでは解決案を見出せなかった部分に対し，他のグループの発表内容を聞きながら，ヒントを得ることもできる。図６はあるグループの最終プレゼンテーション資料の，Summary と Future Work のスライドである。参考までに載せてお

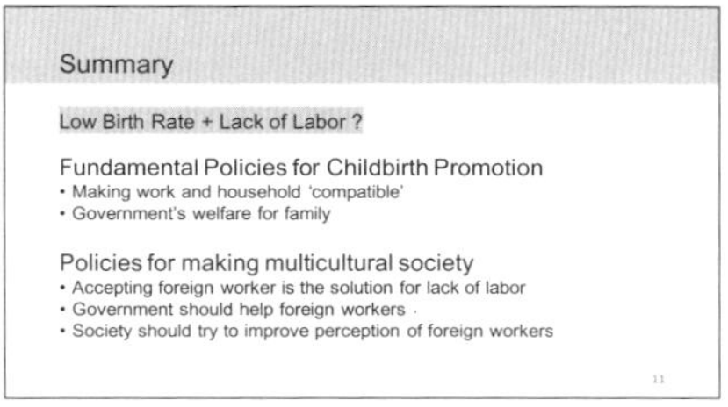


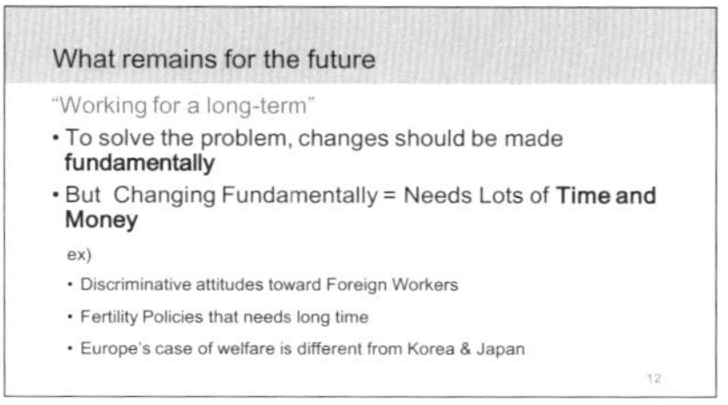


**図６**　Summary と Future Work（プレゼンテーション資料から抜粋）

く。

学生たちは，海外の学生と一緒にプレゼンテーションを準備する中で，事前学習では知り得なかった異なる考え方や立場に触れることができ，視野が広がったという感想を持つことが多い。特に，どの部分でどのような認識の違いを持っているのかを比較することで，課題に対する理解を深められるのだ。

〈学生の感想〉 Low Birth Rate and Aging Society, and Accepting Foreign Workers

事前研修では，人手不足なので経営者は外国人労働者を手放せないし外国人労働者はお金が欲しいので帰国したがらないという二つの事象が重なって，不法滞在者が増えてしまい問題視されていると考えた。韓国の学生とのディスカッションでは，不法滞在を引き起こす原因ではなく，不法滞在の何が問題なのかというさらに深い点に着目することができた…私は不法滞在を防ぐ方法についてしか考えが及んでおらず，現状についてのサーチが甘かったと省みた。日本は韓国より数年遅く環境整備がなされているのでいずれ同じ状況になるだろう。だから韓国の現状を他人事のように無視していてはならないと深く感じた。

（九州大学芸術工学部１年　辻 麻菜実）

グループによっては，自分たちが絞った論点についてすべての解決策を見出せない場合もあった。ある問題を解決しようとすれば，さらに別の問題が浮上してくるため，解決策がなかなかまとまらない体験をし，はじめて社会問題の複雑さ，解決の難しさを理解した，という学生の感想も少なくない。このような場合，最終プレゼンテーションではそのままを発表してもらい，その理由についても説明するようにしてもらっている。課題の持つ複雑さについて考えるとともに，課題へのさらなる探求が必要であることを共有するためである。そして，Future Work で，今後の課題を明確化することが最も重要な作業となる。海外の学生との協働学習を通して，自分が今後取り組むべき課題や興味関心のある分野が見つかったのならば，CAP で経験したような学びのプロセスがまた新たに始まるのである。

〈学生の感想〉 Low Birth Rate and Aging Society, and Accepting Foreign Workers

多文化社会の実現に向けて外国人労働者がどのようにその国の文化に適応していくのかという問題も忘れてはならない。今現在，韓国と日本では外国人を韓国と日本の文化になじませることが一般的な形態である。議論の中で，多文化社会を実現させるためには外国人独自の文化を尊重して存在させていくことが必要だという意見も出た。そうすることによって，同じ文化や習慣を持った外国人同士のコミュニティーが形成され，外国人にとっても暮らしやすい国になっていくことが考えられる。しかし，日本のような規律が重んじられる国ではそのことが受け入れられるかどうか分からないので慎重にこの問題についても考えていかなければならない。

（九州大学工学部１年　和田 光将）

（２）「災害と安全」

韓国の学生との協働学習の流れは，課題「少子高齢化と外国人労働者受け入れ」の時と同じである。事前研修で各グループが整理した論点をもとにディスカッションを進め，最終プレゼンテーションを行った。各授業での作業については，前述した課題「少子高齢化と外国人労働者受け入れ」の授業内容を参照していただきたい。ここでは，日韓の学生が提示し合った論点と参加学生の感想を簡単に紹介するに留める。表５と６は，あるグループが事前学習でまとめた論点である。

**表5　韓国の学生グループが提示した論点**

〈Korean Students〉 Group NO.○ Discussion Topic

## Disaster and Safety

1. Government's Policies and Duties Toward Disasters
Korea had a great issue about government's attitudes toward disasters after the Sewol-ferry disaster. Manuals and governmental systems weren't conducted well at the actual time of disaster, and the government failed to save the people's lives. Policies about earthquakes also aren't well conducted in Korea's case, and this became clear after the earthquake in Gyung-ju. On the other hand, Japan is a country with well considered policies toward disasters, especially towards earthquake; they have strong regulations for seismic designs and well-designed training for response toward earthquakes. Korea's governmental reports about disaster policies includes Japan's case as a way to follow toward. There is a need to know more about Japan's policy toward disasters, especially earthquakes, and Korea might have ideas to learn about.

2. Political Interests' Change after Disaster Status
Korea and Japan are always exposed to the threat of disasters or accidents. Sewol tragedy happened in Korea in 2014, and people got angry to the national system. Consequently, this incident influenced the result of general and presidential election. Excepting this change, political participations of the people had increased in a wide range of areas. We are curious of changes that occur after disasters or accidents in Japan. For example, whether the politic's interest is fierce compared to Korea, or what conflicts had occurred in Japan about disaster response.

3. Food Safety Problem
Food safety problem is crucial in everyone's daily life. To maintain a healthy life, it is significant to eat foods that are packed full of nutrients in three meals a day. In 2008, the Korean Government imported US beef that was normally banned to import. People didn't feel safe about their foods and protested to the government. Japan as well had problem of food

safety, because of Fukushima nuclear accident. Till now, the dangerousness of crops cultivated in Fukushima had not been clearly proved. We would like to know Japanese students' stances related to the Government's position saying, "Let's support them through eating their food" and talk about the food safety policies in the two countries.

**表6**　日本の学生グループが提示した論点

〈Japanese Students〉 Group NO.○ Discussion Topic

## Disaster and Safety

1. Compared with Japan, there have been a few disasters in Korea. Is there a policy against disaster which Korean government has? Do you think it is enough to prepare for a disaster?

2. When a disaster happens, people in Japan tend to behave as the manual says. On the other hand, it is said that people in Korea act according to the situation and behave flexibly. Do you agree with it ? We would like to exchange opinions about both ways.

3. What kind of leadership is required depending on the situation? For example, in times of peace, leaders should listen to other's opinions. But in times of crisis, the leader has to face new situations and take initiative over old customs or ways. What kind of leadership is needed especially in a crisis? Please tell us your image of the ideal leader.

4. The major earthquake occurred in Tohoku region in 2011 and accidents happened at the Fukushima atomic power generation. Because of this, many people objected against restarting atomic power generation for the lack of safety and as a result, the operating rate of it decreased. How this accident was reported in Korea? Korea is also depending on atomic power generation. What do you think about the security of atomic power generation?

グループは全部で５つあったが，どのグループも，「災害時の政府のマネジメントの適切さ」，「日韓社会における防災意識」，そして「災害や事故の関連施設をどのように残していくか」という３つの論点に絞ってディスカッションを進め，プレゼンテーションをした。

〈学生の感想〉Disaster and Safety

韓国ではセウォル号事件が起きた際，朴槿恵大統領の指示が不十分だったと批判されたのに対し，日本では東日本大震災発生後の菅首相によるマイクロマネジメントが批判されたため，日韓で対照的であることが興味深いという意見が出た。事件や事故が起きた背景は異なるため一概に日韓で対照的だとは言えないかもしれないが，確かに日韓の文化的な違いが批判された原因の１つであるかもしれない。

（九州大学農学部１年　大石 紗菜）

〈学生の感想〉Disaster and Safety

災害の記憶については最終的なグループの結論は出せなかった。残すことで災害への意識を持つといった意見や被災者を忘れないといった遺族側の意見を尊重する人もいれば，必要な教訓やノウハウを残すべき，記念碑では事件があったという事実以外何もわからないといった実用性や効率を重視する声もあった。しかしこの議論の中で，事件に関する立場によって感情が違うため，それに対する意見も大きく左右されていると感じた。記憶の問題について，何を最も重要視するのか，相互理解を深めるためには何が必要なのかについてより掘り下げて考えていかなければならないと思った。

（九州大学経済学部１年　畑田 航希）

### 5.1.4　ビジネスワークショップ

CAP in Seoul-Fukuoka 2018 では，福岡にある企業 2 社でビジネスワークショップをさせて頂いた。ここでは，ワークショップで扱った課題について簡単に説明し，学生の感想も紹介する。

#### (1) 住友商事九州株式会社

プレゼンテーションのテーマとして企業から提示されたのは，「東アジアをつなぐビジネスプラン」であった。抽象度の高いテーマにしておくことで，学生たちが自分の専攻と関心領域に沿ってプレゼンテーションを自由に作りあげることができるようにした。テーマの内容を具体的に絞っていく過程で色々と調査をしていくことが必要となり，それがビジネスへの関心と学習につながっていく。

日本人学生グループ 2 つは「日中韓をつなぐ空き家活用プロジェクト」，「E コマースによるベビーフード提供システム」というタイトルでプレゼンテーションした。韓国人学生グループ 2 つは「東アジアデザートフランチャイズ事業のモデル」，「公演予約支援プラットフォーム FanPort」というプランを発表した。過疎化問題に注目した提案に対しては，社会の変化に目を配っていると良い評価を頂いた一方で，ビジネスの場として想定している海外地域の現状とはかけ離れた提案になってしまっている場合が多かった。そこで，海外勤務経験をもつ社員の方々から，現地の状況をより反映したビジネスプランにするためのアドバイスをフィードバックして頂いた。

〈学生の感想〉　住友商事九州株式会社でのビジネスワークショップ

私たちのグループは「E コマースによるベビーフード提供システム」というタイトルでプレゼンテーションを行いました。日本の企業と中国の企業が合同でベビーフードを作り，それをアリババの流通網を利用して，通販で中国農村部に販売するというものです。プ

レゼン後には社員の方々からいくつものコメントや質問をいただきました。やはり，ビジネスの専門的な知識を持った方々であるため，私たちが思いもしなかったような点についてご指摘を頂き，まさに目から鱗でした。このプレゼンテーション，そして2か月にわたる準備を通して，ビジネスを考えていく人の視点を少し理解することができました。また，住友商事九州という大きな会社でのビジネスワークショップは今後の学生生活において非常に価値ある経験になりました。休憩時間には，社員の方々が気さくに私たちに話し掛けてくださり，社会人の方々を身近に感じました。また，企業というのは常に利益のみを考えているのかと思っていましたが，社会貢献に対してかなり配慮のある会社であると感じました。振り返ると，自分の中のビジネスへの視点や企業のイメージが大きく変化したビジネスワークショップでした。

（九州大学農学部2年　新原 麻結）

（2）RKB毎日放送株式会社

会社から提示されたプレゼンテーションのテーマは，「若者の恋愛事情をテーマにした番組」である。日韓の若者の恋愛事情をテーマにした番組を企画するということであるが，若者をとりまく社会事情にも目を向けることが求められた。

日本人学生グループは「SNS恋愛」，「恋愛できない大学生」という番組企画案を発表した。韓国人学生グループは「軍隊と恋愛トークバラエティー」，「恋は旅行に乗って」という企画案を発表した。学生はドキュメンタリー，トークショーなど様々な形式を取り入れた提案を行った。

今回のテーマを提示して下さった社員の方々からは，学生の提案に対する詳細なフィードバックを頂き，実際の番組企画で重視している点についても紹介して頂いた。

〈学生の感想〉　RKB 毎日放送株式会社でのビジネスワークショップ

約２か月にわたって準備した RKB でのビジネスワークショップは，私が最も楽しみにしていたプログラムの一つでした。番組制作に長い間携わっている方々からの多角的なアドバイスは私たち学生が思いつかなかったようなものばかりでした。特に私の印象に残っているものは，放送スタイルについてのアドバイスです。私たちのグループは番組を VTR とスタジオ内でのトークだけで完結させていたのですが，社員の方々のアドバイスは，街頭インタビューを行い，スタジオとつなげて生放送で放送するというものでした。直接的な反応を得ることができ，恋愛と SNS という私たちのテーマに合った番組スタイルだと思い，新鮮でした。

また，韓国の学生のプレゼンテーションは，日本の学生のそれとは大きく異なっており驚かされました。特にその違いを感じたのは，軍隊への入隊が彼らの恋愛に大きな影響を与えているということでした。恋愛という側面では重荷になる軍隊生活をうまく利用して番組案を制作しており，私たちの企画とは別の面白さがありました。

企業の一員として社会で働いている方々がどのように仕事をされているのかを自分の目で見て，直接お話を聞くことができ，残りの大学生活で将来の仕事と学業を結び付けて過ごすヒントを得られた一日でした。

（九州大学医学部１年　薮内 春菜）

＊　＊　＊　＊

大概の日韓交流プログラムでは，日韓の歴史認識の違いや，政治的な問題にフォーカスした話し合いを行う場合が多い。それに対して，CAP では，若者が抱えている問題や少子高齢化社会における外国人労働者受け入れ問題，災害と安全など，日韓の社会に共通した，具体的で，学生たちにとっても身近な課題を取り上げている。日韓の学生が顔を合わせて，社会的共通課題の多様な側面を一緒に学習し，交流相手が生活している社会も同時に理解できるようにしている。このような体験がそれぞれの実生活を理解し，共通課題に一緒に取り組むべき相手として受け入れる土台となっている。

## 5.2　CAP in Taipei-Fukuoka 2018

2018 年度に CAP in Taipei-Fukuoka が CAP プログラムに加わった。台湾の国立政治大学と組み，日本と台湾の学生が福岡市と台北市を行き来しながら，協働学習を行う形式で実施した。5.1 で説明した CAP in Seoul-Fukuoka と同様のプログラム構成であるため，ここでは，CAP in Taipei-Fukuoka の特徴的な部分に焦点を当てながら紹介する。

図 7 は，CAP in Taipei-Fukuoka 2018 のスケジュールである。九州大学の学生 12 名と国立政治大学の学生 12 名の計 24 名が 2 週間ともに過ごした。

CAP in Fukuoka 8.29～9.6
in Taipei 9.6～14

| Mon | Tue | Wed | Thu | Fri |
|---|---|---|---|---|
| | | **29**<br>**台北→福岡**<br>(台湾の学生) | **30**<br>**開講式（九州大学）**<br><br>**講義①**<br>Population Declining Society and Revitalization of Local Regions | **31**<br>**講義②**<br>Retro-tourism Strategy of Kitakyushu City<br><br>**フィールドワーク①**<br>門司港エリア<br>春帆楼 |
| **3**<br>**ディスカッション①**<br>少子高齢化と外国人労働者受け入れ<br><br>**ディスカッション②**<br>少子高齢化と外国人労働者受け入れ | **4**<br>**講義③**<br>Tourism Strategy of Fukuoka City<br><br>**フィールドワーク④**<br>博多旧市街プロジェクトエリア | **5**<br>**ディスカッション③**<br>少子高齢化と外国人労働者受け入れ<br><br>**プレゼンテーション**<br>少子高齢化と外国人労働者受け入れ | **6**<br>**福岡→台北**<br>(日本＆台湾の学生) | **7**<br>**開講式（国立政治大学）**<br><br>**講義①**<br>Economy, Culture and Sex: Taiwan's Imagination of Male Workers from Southeast Asia |
| **10**<br>**講義②**<br>Cultural Heritage of Asia in Comparative Perspective<br><br>**ディスカッション①、②**<br>文化遺産の保存と利用 | **11**<br>**フィールドワーク③**<br>One-Forty<br><br>**フィールドワーク④**<br>台北市国際移民会館 | **12**<br>**プレゼンテーション**<br>少子高齢化と外国人労働者受け入れ<br><br>**フィールドワーク⑤**<br>故宮博物館 | **13**<br>**ディスカッション③**<br>文化遺産の保存と利用<br><br>**プレゼンテーション**<br>文化遺産の保存と利用 | **14**<br>**閉講式**<br><br>**台北→福岡**<br>(日本の学生) |

**図 7**　2018 年度のスケジュール

最初の1週間は福岡の九州大学で，2週目は台北の国立政治大学で学習した。

このプログラムで扱った共通課題は，「Low Birth Rate and Aging Society, and Accepting Foreign Workers（少子高齢化と外国人労働者受け入れ)」と「Cultural Heritage and Cultural Tourism（文化遺産の保存と利用)」の2つである。

課題「少子高齢化と外国人労働者受け入れ」の学習では，日本と台湾の学生が，まずは福岡でディスカッションを重ね，プレゼンテーションを行い，この課題に対する解決策を見出す。その後，台北に移って外国人労働者のインタビューや支援施設にフィールドワークに行き，福岡で出していた結論を再確認，修正し，その結果をもう1度プレゼンテーションして共有するというプログラムにした。

台湾は多文化共生先進国と呼ばれるほど，早くから外国人労働者を受け入れてきている。今後の日本社会が，外国人労働者の受け入れをめぐって直面し得るさまざまな課題を台湾社会は既に経験している。また，制度や人々の認識が進んでいる分，新たな課題も抱えているはずである。そこで，台湾の学生と協働学習をすることが，日本の学生たちにとって今後の日本社会のあり方について考える良い機会になるのではないかと思い，台湾側にプログラムの提案をした。

| Sat | Sun |
|---|---|
| **1**<br>**フィールドワーク②**<br>太宰府市 | **2**<br>**フィールドワーク③**<br>九州大の学生が主導 |
| **8**<br>**フィールドワーク①**<br>政治大の学生が主導 | **9**<br>**フィールドワーク②**<br>台北駅（外国人労働者の<br>インタビュー）<br>大稲埕 |

課題「文化遺産の保存と利用」の学習では，日本と台湾での文化遺産の保存と観光開発のバランスについて考えた。台湾では行き過ぎた観光開発を憂慮する声があり，そのあり方が問われている現状がある。文化遺産として価値のある施設であるにもかかわらず，観光開発の際に

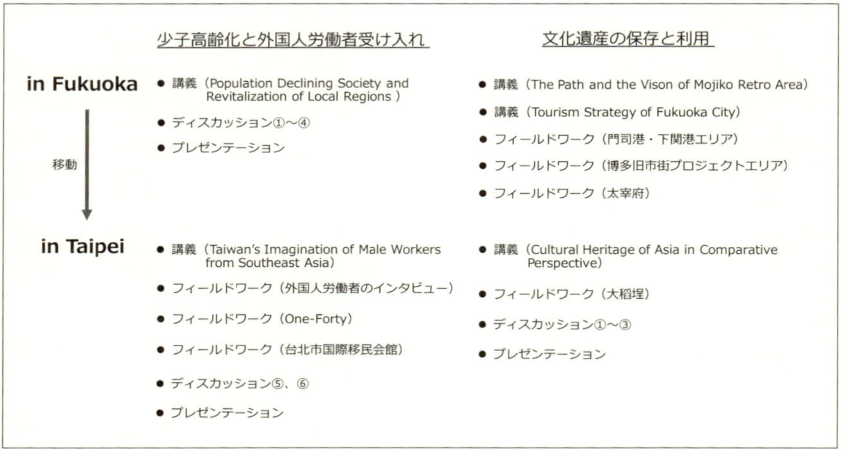


**図 8**　CAP in Taipei-Fukuoka の流れ

は，その歴史的意味がほとんど活かされていなかったりする。そんな台湾の事情と比べ，日本の場合は，文化遺産を保存すると同時に歴史的な背景や物語を絡ませたツーリズムにつなげることができていることが多い。そこで，この問題意識を日本と台湾の学生が共有し，台北と福岡で文化遺産の保存と活用のあり方を比較した上で，課題を見つけ，協働で解決していくことにした。課題の特徴上，たくさんのフィールドワークを組むことにしたが，その一連の流れを示したのが図 8 である。

### 5.2.1　講義

CAP の他の海外研修プログラムと同様に，まず最初に講義を設定し，学生たちが同じ知識ベースで議論に入れるようにした。課題「少子高齢化と外国人労働者受け入れ」については，福岡では「Population Declining Society and Revitalization of Local Regions」というタイトルで，少子高齢化の現状について取り上げるとともに，特に地方の過疎化に対してどのように対応しているのか，その現状と課題に関する講義を行った。台北では「Economy, Culture and Sex：Taiwan's Imagination of Male Workers from Southeast Asia」と題して，台湾社会において東南アジアからの移民がどのように受け止められているのかを中心に，多文化社会台湾を理解するために必要ないくつかのポイントについて講義がなされた。これらの講義内容に基づいて，日本と台湾の学生が議論を行い，外国人労働者が目に見える形で存在する台湾と，多くの外国人が既に働いているにもかかわらず，見えない存在のままでいる日本の現状を比較しながら理解を深める時間を持った。

〈学生の感想〉　Population Declining Society and Revitalization of Local Regions を受講して

現在，日本は少子高齢化により労働人口が減っており，労働者の負担が増え続けているのが現状です。この講義ではそのような危機的状況に対しどのような対策をとっていくのが良いのかについて学びました。地方においての経済政策の一つとして私たちに提示されたのは観光による地域の活性化で，イタリアや韓国，台湾など地方の観光業で成功を収めた国の例を元にどのようにすると観光地の魅力を引き出し，人口減少に喘ぐ地方に活気をもたらすことができるかについて学びました。

その後，台湾の学生の話を聞くと，例えば台湾で人気の観光スポットである九份は，元々金鉱として栄え発展を遂げた街なのに現在はその歴史は軽視され，映画の舞台になった場所として観光地になっているということでした。地方を観光地として利用することで，その土地の歴史や文化などをなおざりにしていいのかという問題を感じました。他にも観光という第三次産業に力を入れすぎると他の第一次，第二次産業が衰退してしまい，地域全体として活性化していると言えるのかという問題など，様々な問題が浮かび，単に地方を活性化させるといっても，そこには複雑な問題があることが分かりました。

現在の日本の少子高齢化による危機的状況を考えると，移民の受け入れや観光地の PR などの効果的な対策を早急に実行することが重要ですが，そのためには様々な複雑な課題を解決していく必要があると感じました。

（九州大学理学部１年　川口 貴大）

〈学生の感想〉 Economy, Culture and Sex: Taiwan's Imagination of Male Workers from Southeast Asia を受講して

事前に読んだ資料と講義，ディスカッションを通して，台湾に在住している東南アジア圏の外国人労働者に対するイメージについて，理解を深めました。講義では，米国での奴隷制度の背後には，白人男性の黒人男性に対する恐れがあったこと，それと同様の恐れが，台湾での男性外国人労働者への負のイメージに影響していることを学びました。加えて，台湾では外国人労働者の性別によって抱くイメージが異なるということを，結婚という観点から見つめました。台湾人男性と外国人女性が結婚する事例は比較的多く見られるものの，この場合男性と女性は対等ではなく，男性が優位だという印象を世間に与えるそうです。一方，台湾人女性と外国人男性が結婚する場合は非常にまれであり，女性は周囲からの反対を受けるそうです。

このような肌の色が違う相手との結婚を良しとしない風潮は，台湾のみならず，日本にもまだ残っているように思います。「もし自分が外国人と結婚すると報告したら親や友人はどのような反応をするか」という質問に対して，日本人学生と台湾学生ともに答えは，即賛成ではなく，両国ともにいまだ幅広い世代で外国人を完全には受け入れ切れていないことに気づかされました。

しかし，台湾の学生と議論を重ねていった結果，日本と台湾は両方とも外国人労働者を受け入れているものの，その規模と浸透度に大きな差異があることが浮き彫りになりました。台湾の文化は，歴史的に多様な国の影響を受けて形成されてきたため，変化に柔軟で，自分たちの文化に変化が起きることに抵抗を感じないという点に最も日本との違いを感じました。実際，台湾学生は自身の国が成り立つには，外国人労働者の助けが必要だと感じる，と述べており，日本における外国人労働者受入に対する意識の低さに危機感を覚えると同時に，これから先，両国ともに外国人労働者に対する偏見となりうるイメージを払拭していく必要性があると感じました。

（九州大学共創学部１年　檜森 早紀子）

課題「文化遺産の保存と利用」については，明治時代後半から昭和初期にかけて国際貿易港として栄えた門司港を題材にして，北九州市の職員から「Retro-tourism Strategy of Kitakyushu City」という講演をしていただいた。門司港の歴史的建物を活かしたレトロ観光の戦略と課題について学んだ。また，福岡観光コンベンションビューローでは「Tourism Strategy of Fukuoka City」というタイトルで，福岡市が文化遺産を新たに発掘し，観光につなげていることについて講演をしていただいた。福岡が持っている強みだけでなく，弱点や乗り越えるべき課題についても提示して頂いたことで，学生たちは「文化遺産の保存と利用」の協働学習で取り上げるべき課題を掴むことができた。

台湾では，「Cultural Heritage of Asia in Comparative Perspective」と題した講義を受講した。主に東南アジアの事例を通して，文化遺産の保存に関連する諸課題を提示してもらった。講義に基づいて日本と台湾の学生が歴史遺産の保存と観光開発とのバランスをどのように取るかについてディスカッションを行った。

〈学生の感想〉　The Path and the Vision of Mojiko Retro Area を受講して

この講義では北九州市産業経済局門司港レトロ課の職員の方から話を聞きました。門司港は明治・大正時代は日本を代表する貿易港であったけれども，関門海峡の開通などにより衰退し，また，歴史的建造物が解体の危機に晒されたこともあり，整備が始まったそうです。第1期事業では，行政を主体として国指定重要文化財である「旧門司三井倶楽部」の移築修理や電線の地中化，大連歴史的建造物建設事業などが行われました。実際に街を歩いてみると，歴史的建造物が一部に集まっているため短時間で充実した見学ができました。また，電柱や電線が見えないため，見晴らしが良く開放的でした。この事業の結果，観光客は5倍以上に増えたそうです。しかし，課題として観光客の滞在時間が短いことや，飲食，物販施設の不足などがあったため，第2期事業では，行政と民間が一帯となり，関門海峡

ミュージアムの整備，観光物産館の整備，門司港ホテル，出光美術館の整備が行われました。その後，観光客数や観光消費額だけでなく，宿泊観光客の数も上昇したそうです。現在では多くの団体が集まり門司港レトロ倶楽部として，様々なイベントを行い，さらに観光業を盛り上げていました。これらの大規模な開発を進めるにおいて，門司港レトロ課と地元住民との間で数多くの協議と協力が行われてきたことも紹介されました。

（九州大学文学部１年　松本 はるか）

〈学生の感想〉 Cultural Heritage of Asia in Comparative Perspective を受講して

この講義は文化遺産の本来の姿を守ることと，観光地としてアピールすることとの関係性や，収入を得ること以外の観光を推し進めることの目的は何なのか，ということをテーマに進められました。

私たちは，観光と保全は両立することができるのかを考え，それに付随する問題と利点について考えました。観光地として多くの人々に公開することは，ゴミのポイ捨てや落書きによって遺産そのものの姿が損なわれる危険性があります。一方で，遺産は文化として多くの人々に発信されるべきものであり，遺産を保全するための費用を観光業によって得た収入で補うことも必要なことだと言えます。これらを机上で考えてみると理想論になってしまい難しく，私たち自身がこのプログラムを通じて訪れた具体的な観光地を例に挙げることで，考えを深めることができました。

遺産の保全と観光を両立出来ているのはどこか，観光の分野で成功しているのはどこか，保全に配慮されているのはどこか，といったように，様々な視点から実際に訪れた場所を比較しました。例えばアニメの舞台と言われる九份は，観光地として日本人にとても人気があります。私たちも実際に訪れ，食べ物や景色など様々な魅力を満喫しました。しかし，九份は金鉱の町としての歴史を持つ遺産であるにもかかわらず，訪れた後に九份という場所そのものの知識は何も得ていないことに気づきました。ここで，九份は観光客を集めることには成功していても，文化を発信することおいては十分ではないことに気づきました。

（九州大学共創学部1年　中村 友香）

### 5.2.2　フィールドワーク

#### （1）課題型フィールドワーク

学生たちは課題に即した場所を訪れ，また関係者の話を直接聞き，調査を行った。課題「少子高齢化と外国人労働者受け入れ」については，台北駅で外国人労働者に街頭インタビューを行い，その外国人労働者たちを支援しているOne-FortyというNPOと，台北市が運営している国際移民会館を訪問した。

- 外国人労働者の街頭インタビュー

台湾はインドネシアから多くのケア労働者を受け入れている。その多くは依頼者である台湾人家庭に住み込みで働いている。彼らは，日曜日になると台北駅に集まり，持ち寄った手製の自国料理を分け合いながら，自分たちの国の言葉で談笑する。また，駅の周辺には，このインドネシア人労働者向けの市場が日曜日ごとに開かれている。台湾社会が外国人労働者たちにとって，住みやすい国となっているのを物語る光景である。

東京駅や博多駅に何百人もの外国人労働者が集まり，談笑しながら一日を過ごす光景はなかなか想像できない。日本では，ほとんどの外国人労働者は地方の工場や農場などで働いており，職場以外の日本人との接点はほとんどなく，かつ台湾のように公の場に大勢で集まることもない。それもあってか，実は多くの外国人が日本社会で働いているが，人々はそれに気づかず，彼らの生活に対してもさほど関心がない。台湾社会でも，台北駅に大勢集まる外国人の姿は，最初から受け入れられていたわけではないそうだ。数年かけて徐々に社会的な共感を呼ぶようになったそうである。

今回のフィールドワークでは，日本と台湾の学生が協力して外国人労働者にインタビューを実施した。学生たちは，台北駅の光景に驚きながらも，インドネシア人同士のおしゃべりの輪に入り，果敢にインタビューを行った。

なぜ台湾で働いているのか，仕事は大変ではないのか，日本ではなく台湾を選んだ理由は何かなど，福岡でのディスカッションとプレゼンテーションの際に疑問に思ったことをどんどん質問していった。

〈学生の感想〉　外国人労働者にインタビューをして

私たちは日本での事前学習の中で，多くの移民労働者が台北駅の広間に座り込んで，話をしたり，食事をしたりしている写真を見ていました。日本ではあまり考えられない光景だっただけに，私たちは皆，その写真に衝撃を受けました。実際に日曜日の台北駅では，写真で見ていた通りに多くの移民労働者の方が座り込んで，楽しそうに自分たちの時間を過ごしていました。周りを見渡しても，この光景に驚いている地元の人はいませんでした。

初めは緊張もあり，話しかけるのに少し時間がかかりましたが，勇気をもって話しかけた女性たちはとても友好的で私たちの質問に快く答えてくれました。話を聞いてみると，彼女たちは，台湾で，買い物や食事を楽しむといった充実した生活を送れているようでした。日本での事前学習で，移民の方々の苦労を知って，もっと切り詰めた生活をしていると考えていたのでとても驚きました。

滞在期間のルールのために，これまでに様々な国で仕事をしてきた方もいましたが，台湾での生活が一番だと話してくれた方もいました。また，話しているうちに他にも自分たちの認識と異なる点を見つけました。例えば，私たちは週に１日は休みがあると想像していましたが，２ヶ月に一度程度だそうです。また，最低賃金も，台湾の人々よりも低く設けられており，事前学習では，台湾の移民受入に対する姿勢に良い面ばかりを見ていたのですが，改善していかなければならない点もあることが分かりました。

（九州大学工学部１年　上杉 真子）

## ● ONE-Forty

外国人労働者を支援しているONE-FortyというNPO団体は，国立政治大学卒業生の陳凱翔さんが立ち上げたNPOであり，ONE-Fortyという名称は「台湾の40人に1人は外国人労働者」であることにちなんでつけたという。同団体は，外国人労働者との旅行や料理教室などのイベント，また中国語や英語，ビジネスなどの外国人労働者向け講座も開いている。陳さんは，卒業後大手企業で働くよりも，台湾の多文化社会に貢献したいと思い，この組織を立ち上げたそうである。

活動について紹介していただいた後，外国人労働者の台湾での生活についてグループで考える時間を持った。台湾での生活を終えた後の夢や，国に帰ってからどのような人生を生きたいのかなど，外国人労働者一人ひとりの人生そのものに関心を寄せる時間となった（図9）。

**WHY SHE WANTS TO WORK ABROAD?**

Warti , 28 years old, came from the countryside of Central Java, Indonesia. She has a family with a husband and a son. The reason Warti came to taiwan was that she wanted to buy equipment and clothing materials for her shop back home. She unwillingly left her son and working aboard cause it's the fastest way she know to save enough money. Warti works in nursing facility for the elders. In order to earn money in such a short time, her friend told her that working illegally can earn more money, so she took the risk to escape from her job and became an illegal migrant worker.

**THE GOAL IN THE FUTURE**

If Warti has save enough money, she wishes to expand her clothing store, hire more employees, sell more clothes, change her family's condition by running her business.

**図9**　ONE-Fortyでのディスカッション資料

〈学生の感想〉　ONE-Fortyを訪問して

One-Fortyの目的は，東南アジアからやってきた労働者に教育資源を提供し，これらの人たちが台湾で知識と技能を学べるようにすることで，帰国後の就業をサポートすることに加え，東南アジアからの労働者が台湾に対する認識を深められるよう手助けすることです。私達は実際に，台北市にあるONE-Forty

でスタッフの方から活動についてのお話を聞くことができました。
私が一番驚いたことは，ONE-Fortyは台湾で働く外国人労働者だけではなく，台湾人からとても尊敬されていることです。日本よりも遙かに高い割合で外国人労働者を受け入れている台湾で，非営利団体として活動することはとてもむずかしいと思います。しかし，彼らは少しでも外国人労働者の方たちが働きやすい環境になるように，実際に彼らにインタビューをしたり，相談に乗ったり，台湾の言語や文化の教室を開いて伝えようとしています。
外国人労働者の受け入れに積極的とは言えない日本では，このように国民から支持されながら活動する大きな機関は存在しないのではないかと思います。しかし，今回実際にONE-Fortyを訪れ，彼らの話を聞くことによって，人口減少が進んでいる日本にこういった機関の必要性を強く感じました。ONE-Fortyの外国人労働者に真摯に向き合う様子や，ビデオに映る外国人労働者のハキハキと自分の意見を述べる姿を見て，私達の外国人労働者に対する認識は大きく変わったように感じます。

（九州大学共創学部１年　橋本 実咲）

● 台北市国際移民会館

台湾の行政機関が行っている移民者への支援について学ぶために，国際移民会館を訪問した。主に，国際結婚している台湾在住のカップルへの支援について職員から紹介を受けた。その後，台湾人男性と結婚して台湾に移住してきたベトナム人女性の方が，台湾社会でいかにして職を得て，生活しているか，その体験談を語ってくれた。行政側が積極的に移民者を受け入れ，支援策を打ち出していることを確認できた。

〈学生の感想〉　台北市国際移民会館を訪問して

日本での事前学習や，台湾の学生とのディスカッションの中で，台湾で行われている移民政策について学んでいましたが，実際に話を聞いてみると，まだまだ私たちが知らなかったことがたくさんありました。例えば，台湾では，移民の子供が優先的に幼稚園に入れるような政策が行われていたり，ウェブサイトで移民の方が経営するお店を紹介するなどして，台湾で自分のお店を開くサポートも行われていたりするそうです。私は他国で仕事をするだけでも難しく精いっぱいだと考えていましたが，サポート体制がしっかりあると自分らしく子育てもしながら働くことができるのだと思いました。また，移民についての理解を深めるために，行政で働く人々に対しての講習も行うなどして，移民の方々に対してだけでなく，台湾の人々にも働きかけているそうです。このような様々な努力があって，台湾が移民の方々にとっても，住みやすい国になっているのだろうなと感じました。

結婚してベトナムから移民してきた女性の方は，私には想像できないような経験を話してくださいました。その方は台湾でネイルアーティストの仕事で活躍されていました。私は移民の人々が就ける職が限られていると思っていたのですが，移民先で自分の特技を活かし活躍している人もいると知って驚いたと同時に，この方の活躍にも，台湾の移民に対する姿勢が反映されていると思いました。台湾人か移民かに関わらず，能力のある人には活躍できるチャンスが台湾にはある，彼女の話を聞いてそのように感じました。

このように日本では行われていない様々な政策が台湾で行われていることが分かりました。台湾の移民に対する政策を聞いていると，日本がいかに移民の政策において遅れているかを感じさせられました。私たち日本人も，まずは移民に対する理解を深めなければならないと思いました。

（九州大学工学部１年　上杉 真子）

もうひとつの課題「文化遺産の保存と利用」については，福岡で博多旧市街プロジェクトエリアや太宰府，北九州市門司港を，台北では大稲埕（ダーダオチェン）を訪問した。

● 門司港・下関市唐戸エリア

「衰退する門司港の活性化」を事業コンセプトに，かつては九州の玄関口として，大陸との貿易で栄えた門司港の町並みを再生させる計画が進められている門司港を訪問した。2017 年には「関門“ノスタルジック”海峡－時の停車場，近代化の記憶－」として日本遺産に認定されている。国の重要文化財として指定されている門司港駅をはじめ，旧門司三井倶楽部，旧門司税関などの建物が修復・移築され，日本ではめずらしいレトロ感あふれる街並みとなっている。鉄道と港で栄えた門司港の歴史を活かし，以前は貨物列車が通っていた線路を使って観光列車を走らせ，対岸の下関市唐戸との間を連絡船で結ぶルートをつくり，新たな観光資源を生み出している。歴史的建造物の保存と観光への利用が計画的に，組織的に行われている場所の一つである。また，門司港から連絡船で 5 分ほどの距離にある下関市には，日清戦争の講和条約が締結された料亭の春帆楼があり，その敷地内に設置された講和記念館は観覧できるようになっている。この講和条約によって台湾が日本に割譲されたこともあり，台湾の学生たちの関心が非常に高かった。

〈学生の感想〉 門司港・下関市唐戸エリアを訪問して

台湾の学生達だけでなく，日本の学生のなかにも門司港・下関を初めて訪れた人が多くいました。私もその中のひとりで，初めて門司港を訪れたため，門司港の歴史や台湾と日本の関係をこのプログラムのなかで知りました。北九州市のレトロ課の担当者からレトロ観光の現状について講演を聞いた後は，グループごとに見学しました。九州鉄道記念館駅から関門海峡めかり駅までをつなぐレトロ観光列車「潮風号」に乗り込み，ガイドさんから門司港の歴史を聞きながら，車内から門司港レトロの町並みや関門海峡の全貌を知ることができました。

下関港に向かって関門トンネルを歩いて渡り，春帆楼の敷地内にある「日清講

和記念館」を訪れました。その資料館の中には講和の会議場やテーブル，椅子が再現されていました。台湾の学生と一緒に見学しながら，日本と台湾の歴史的関わりについて改めて考えることができました。多くの台湾人が訪れる記念館になっていることがとても印象的でした。下関から門司港まではフェリーを利用しました。

門司港と下関港を結ぶレトロ観光をしながら，両地域の歴史に触れるとともに，両沿岸に残っている歴史的な建造物がどのように保存され，観光資源として活用されているかを学ぶことができました。このフィールドワークでの経験をもとに，台湾では大稲埕（Da Dao Cheng）や九份における観光開発の現状を，北九州市と下関市の取り組みと比較検討しました。これらを材料に，文化遺産の保存と観光開発は両立できるかというテーマでディスカッションを行いました。

（九州大学共創学部１年　橋本 実咲）

● 博多旧市街プロジェクトエリア

福岡市が開発を進めている博多旧市街プロジェクトエリアを福岡観光コンベンションビューローの方々の案内で訪問した。街の所々に散在する遺産を修復するだけでなく，観光につなげていこうとする具体例として，実際に現在進んでいる「博多旧市街プロジェクト」について紹介していただいた。室町時代には日本における中世最大の貿易港湾都市となっていた博多で，その歴史に由来する独特の文化，伝統，まちなみを活かした「博多旧市街」を創成し，九州の観光名所の一つにしようということである。福岡観光コンベンションビューローの担当者は，同プロジェクトの課題についても触れ，文化遺産をどのように観光につなげるべきかについて，多くの示唆を与えて下さった。

〈学生の感想〉　博多旧市街プロジェクトエリアを訪問して

福岡観光コンベンションビューローの合野専務理事による，現在の福岡の観光事業に関する講演を聞き，午後からは合野専務理事に説明して頂きながら博多の歴史ある街を歩きました。
講演では，福岡の観光事業についてお話を聞くことができました。博多の歴史や伝統，文化を際立たせ，福岡市の魅力を高める取り組みである「博多旧市街プロジェクト」を推進しているだけでなく，「MICE」による経済効果，国際交流を通じた地域の国際化・活性化，訪日外国人旅行客を拡大させるための取り組みについて知る事が出来ました。
その後，博多旧市街を台湾の学生と周り，櫛田神社や蒙古襲来を示す遺跡などを見学し，日本の歴史や文化，伝統を自分の目で見ることができました。また，今回は博多を取り巻く福岡の歴史を学ぶ機会がとても多く，旧博多駅のモニュメントでは，特に台湾の学生と先生が興味津々で見ていた事から，歴史をテーマにした観光事業は外国人を引き寄せる起爆剤になりうる事を知りました。また，一方で，見学先の展示などで言語サポートが不足していた所も見られたので，今後解決していかなければならないと思いました。

（九州大学文学部１年　田村 文人）

● 大稲埕（ダーダオチェン）エリア

台北市の西部に位置する大稲埕は，古くからお茶産業や薬産業が盛んだったエリアであり，個性ある昔の建物がそのまま多く残っている。しかも，当時の建物を保存しているだけでなく，そのまま商業施設や市場として使っていることも魅力の一つである。建物を改築する時には，周囲と建築様式を合わせることになっており，地区の町並みを保存するために力を入れている。また，伝統的な人形劇が保存されており，有形・無形の遺産が保存されている現状を見学できた。台北市のボランティアによる説明から，中国大陸をはじめ，多くの外国との関わりの中で形成された町であることが理解できた。

〈学生の感想〉　大稲埕を訪問して

実際に足を運んでみると規模が大きくリアルで，その雰囲気や街並みに圧倒されました。門司港は建物を移築したり改修したりして，完全に「観光化」された街並みが並んでいます。一方で，大稲埕は古い建物はそのまま商店として用いられたり，内装をリノベーションしてお洒落なカフェとして活用されたりしていて，「生きた」街並みという印象を受けました。昔からこの地域で盛んだったお茶産業や薬屋は今も多く残っていて，レトロな雰囲気のある店装を見て歩くだけでも非日常感があってとても面白かったです。

人形資料館やお茶で栄えた豪商のお屋敷では実際に中に入って見学しました。人形資料館では台湾の伝統的人形劇で使用される人形が展示されていましたが，キャラクターの性格に合わせて表情が作り変えられていて，本当に生きているような生々しさがありました。また，服装，髪，ひげ等も非常に精巧に作りこまれていて技術の高さに驚かされました。

お茶の商人のお屋敷では階下でお茶の製造の過程を学ぶことができ，上の階では当時の豪商の生活風景を垣間見ることができました。階下では茶葉製造の器具の展示だけでなく，再現動画のようなものが再生されていて，具体的に知ることができる効果的な見せ方だと思いました。その再現動画は言葉での説明は字幕として少し出る程度で，時間も５分未満ぐらいで，壁に大きく投影されていてとても見やすかったです。視覚的イメージとして知覚すると，見学者は興味をそそられやすいと思うので，文化ツーリズムの観点から考えても，とても有効だと思いました。

（九州大学文学部１年　南 妃）

（２）自由型フィールドワーク

CAP in Taipei-Fukuoka でも，課題型フィールドワークと並行して，学生たちが自分たちで自由に行き先を決め，互いの国を紹介し合う自由型フィールドワークを行った。事前研修で学生たちが計画を立て，それをもとに，福岡では日本の学生が，台北では台湾の学生がそれぞれの地元を紹介した。学生同士で自由に案内しあうことで，単なる観光とは違い，現地の人々の普段の暮らしや習慣をより鮮やかに体験することができ，相手の社会や文化に対する理解を深め，自国に対する気づきも与えてくれた。

福岡（九州大学生企画フィールドワーク）

9月2日の九大生企画のフィールドワークでは，まず参加学生全員で柳川へ行き，川下りやうなぎなど柳川の伝統に触れました。その後，それぞれのグループで分かれて，台湾の学生に福岡を紹介しました。私たちのグループは，大濠公園と福岡城跡へ行き，その後，名物のとり皮を食べるというスケジュールでした。普段，自分たちで福岡の街を案内することはほとんどなく，しかも英語で案内するというのは，初めての経験であり，もっと英語がうまければさらに楽しく見学をさせてあげられただろうと思うところもありました。しかし，台湾と日本で，文化や習慣など似ている部分もあり，スマートフォンで画像や単語を見せることによって理解したりと，何とかして英語で紹介することが出来ました。一方で，観光地などで，ガイドさんが日本語で町を紹介してくれるときなどは，すべてを英語に通訳するということはできず，台湾の学生が，ガイドさんの話を聞けないという場面もありました。

このフィールドワークで私が感じたのは，日本人だけでなく，台湾の学生とともに街を歩くことで，台湾の学生が日本のどのようなところに興味をもっているかということに気付けたことです。例えば，柳川で川下りをした時には，日本の昔からの音楽を聴いてみたいと，船頭の方に歌を歌うのをお願いしました。台湾の学生はとても楽しんでくれました。この日は，グループの仲が最も深まった日になったと思います。

（九州大学工学部1年　吉岡 宏記）

台北（国立政治大生企画フィールドワーク）

私たちのグループは九份と十份を訪れました。まず，十份ではランタンを飛ばす体験をしました。このランタンは色紙でできていて，それぞれの色ごとに健康や学業，恋愛などの意味があり，その色に合わせて願い事を手書きして飛ばすことで願いが叶うそうです。お土産もランタン型のお守りが多く，十份の特色を活かしたものを販売することも観光客を呼び込むための重要な要素なのだろうと思いました。また，ランタン売り場の店員には外見から判断するに，移民と見受けられる方が他の観光地より多かったです。
ランタンを飛ばすという経験は日本ではほとんどすることがないのでとても貴重な体験だったのですが，本来はランタンを飛ばすことにどんな意味があったのかが気になりました。それだけでなく，ランタンを飛ばした後，木に引っかかったり，川に落ちたりしたものは誰が始末しているのか，環境への悪影響はないのかと疑問に思いました。
次に九份は，赤い提灯が印象的でした。アニメ「千と千尋の神隠し」のモデルとなったという話もあるほどで，まるで映画の世界のような場所でした。九份は十份に比べてヨーロッパ圏の観光客が多いように感じられました。飲食店と物販施設がほとんどでしたが，昇平戯院という映画館があり，無料で開放されていました。昔のポスターもそのまま掲示されていて，何十年も前の様子が窺えました。主に景色や食事，買い物を楽しむために訪れる人の多い観光地の中に，意外にも歴史を感じられる場所があることは観光客を退屈させないためのポイントであるという新たな発見となりました。

（九州大学文学部１年　松本 はるか）

### 5.2.3　協働学習（ディスカッションとプレゼンテーション）

（１）「少子高齢化と外国人労働者受け入れ」

福岡でのディスカッションとプレゼンテーションの内容を土台に，台湾では講義で更に知識を広げ，フィールドワークも行った。また，全てを総括す

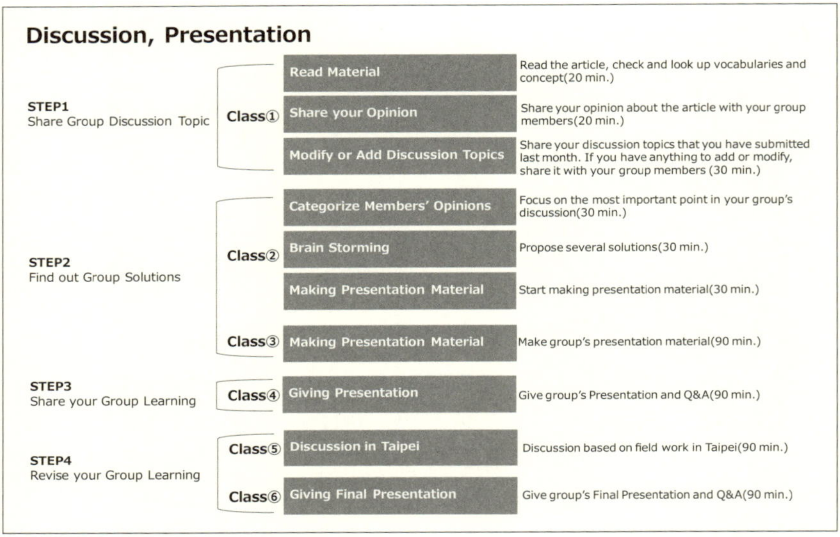


**図 10**　協働学習の流れ（CAP in Taipei-Fukuoka）

るために，更にディスカッションの時間もとった。図 10 にあるように，福岡で STEP1～3 までを全て行い，台北で STEP4 に進むという構成にした。福岡と台北での学びを連携させ，自分の考えの変化や理解が深まっていく過程を学生が自ら感じることができるようにするのが狙いであった。

STEP1～3 までの各クラスの進め方は，CAP in Seoul-Fukuoka の 68～82 頁を参照して頂きたい。ここでは，STEP3-Class ④，またSTEP4-Class ⑤と⑥についてのみ説明する。

- STEP3-Class ④（中間プレゼンテーション）

福岡でのディスカッションをもとに中間プレゼンテーションを行った。図 11 は，あるグループの中間プレゼンテーション資料の一部である。台湾と日本のそれぞれの社会における「少子高齢化と外国人労働者受け入れ」への対応の違いに気づき，その違いに沿った対策案を提案している。各グループが福岡でのディスカッションを通して到達した結論が，その後の台北での講義やフィールドワークを通してどのように変化していくかが，このプログラ

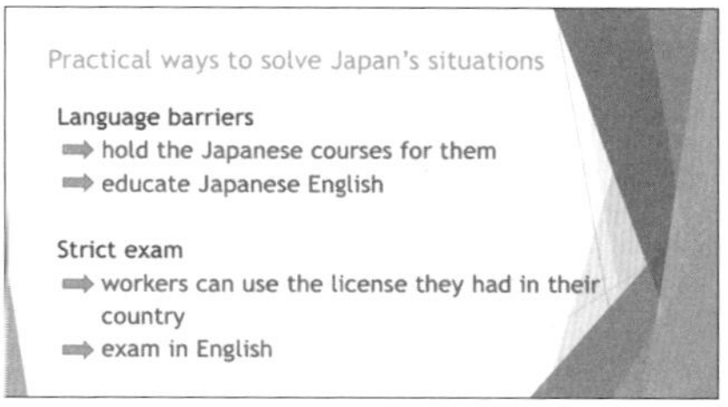


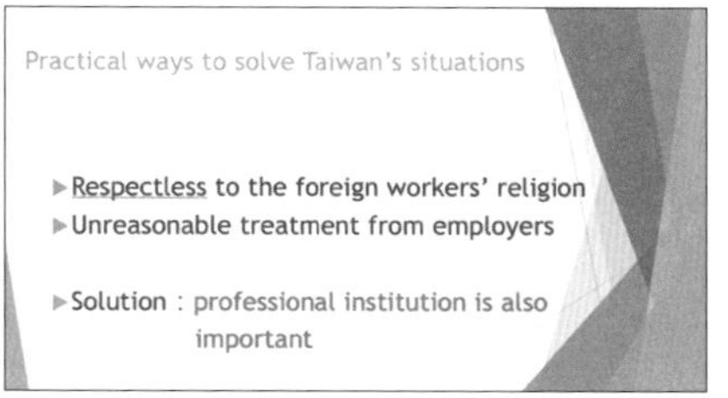


**図11**　中間プレゼンテーション資料から抜粋

ムの最も肝心な部分である。学びのプロセスを重視するプログラムとして，この点を学生たちにも周知させ，その変化に敏感に気づくようにサポートした。

● STEP4-Class ⑤

STEP4-Class ⑤は，台湾に移動してから行った。学生たちは台北で講義とフィールドワークを終えた後に，この STEP4-Class ⑤でディスカッションを行った。日本の学生は，フィールドワークを通して台湾社会における外国人労働者の存在の大きさと，彼らに対する台湾の人々のオープンな対応に大きな衝撃を受けたようである。台湾の学生も外国人労働者をこれまでによく見かけてはいたものの，それほど関心をもったことはなかったそうで，このプログラムを通して移民者たちの存在について考え直すようになったという意見が多かった。学生たちは，こうした諸々の気づきや見解の変化を福岡でプレゼンテーションした内容に反映させ，最終プレゼンテーションに備えた。

● STEP4-Class ⑥（最終プレゼンテーション）

福岡での中間プレゼンテーションで提示した問題点と対策案を，台北での学習を通して修正したグループがいくつもあった。台湾の学生とともに現場で調査し，その内容をもとにさらに議論を重ね，学びを深めていく貴重な体験ができた。図12はあるグループの最終プレゼンテーション資料の一部である。

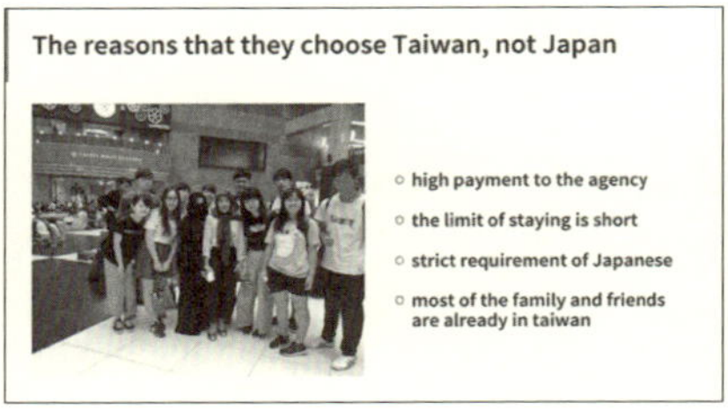

The reasons that they choose Taiwan, not Japan
high payment to the agency
the limit of staying is short
strict requirement of Japanese
most of the family and friends are already in taiwan

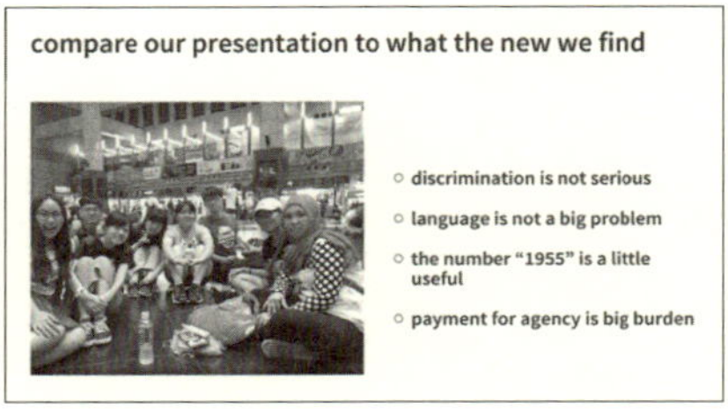

compare our presentation to what the new we find
discrimination is not serious
language is not a big problem
the number "1955" is a little useful
payment for agency is big burden


**図 12** 最終プレゼンテーション資料から抜粋

〈学生の感想〉 Low Birth Rate and Aging Society, and Accepting Foreign Workers

福岡では，「外国人労働者受け入れ」についての資料を読み，台湾の学生とのディスカッションで出た疑問，課題などを自分たちで調べてプレゼンテーションをしました。台北では，さらに調べたいことを台北駅で実際に移民の方々にインタビューして，再びまとめてプレゼンテーションしました。台湾の学生とのディスカッションでは，資料に書かれていた台湾の移民に対するイメージと台湾の学生に直接聞いた移民に対するイメージが異なっていたことに驚きました。また，ディスカッションや実際に移民の方から話を聞くという経験を通して，社会について考えるときにはたくさんの視点がある事を痛感させられました。本を読むだけ，人から話を聞くだけでは十分ではなく，たくさんの視点から調べることが必要だと思いました。人口減少と移民の問題は文化，政治，教育，歴史，地理などあらゆる分野が関係しているため，このプログラムを通して日本と台湾の相違点と類似点について身をもって経験することができました。

一方で，自分の意見を英語で分かりやすく伝えるためにはどうすればいいのか常に考えさせられ，台湾の学生から教わることがたくさんありました。プレゼンテーション準備では夜遅くまで台湾の学生たちと楽しく語り合いながらも，伝えやすくする工夫など技術的な面でも，自分にはない考え方，工夫の凝らし方をしている台湾の学生を見て良い刺激を受けました。

（九州大学農学部 1 年　飯田 菜々）

〈学生の感想〉 Low Birth Rate and Aging Society, and Accepting Foreign Workers

日本でのディスカッションでは，日本と台湾の学生の間で意識や情報量に大きな差がありました。私たち日本人が持つ情報は，インターネットで調べたり，事前学習で読んだ本や記事から得たりしたものでした。しかし，台湾の学生は日常的に街中で移民の人々とすれ違い，働く姿を見ているため，より具体的で現実的な意見を持っていました。またディスカッションの中で日本と台湾の共通点と相違点を探していくうちに，私は日本が出遅れているように感じました。少子高齢化や労働力不足など，日本と台湾の社会が抱える問題は類似しており，台湾は移民を積極的に受け入れることによってその問題解決に一歩踏み出しているのにもかかわらず，日本はまだ何も対処できていないことを認識させられました。台湾でのプレゼンテーションは台北駅で移民の方々に質問した内容を元に作成しました。

台湾でのディスカッションでは，実際に移民の方々と交流して発見した，移民に関して台湾の学生が当たり前に思っていることでも，私たち日本人にとっては驚くべきことである点などが挙がり，それぞれの違った見方を共有することができました。

現在日本では，移民の受け入れについて議論されている最中ですが，日本人は‘移民’という表面的な言葉自体に否定的なイメージを持っていると思います。私は今回のプログラムで初めて‘移民’というものを言葉としてではなく，肌で感じることができました。この経験を通じて，物事を表面的な言葉で判断するのではなく，十分に調べ，自分の目で確かめ，他人と議論することの大切さを再確認しました。

（九州大学共創学部１年　中村 友香）

## （２）「文化遺産の保存と利用」

福岡市と台北市がそれぞれの文化遺産をどのようにツーリズムにつなげているか，いくつかの事例を見ながら比較した。ディスカッションでは，主に観光開発と文化保全のバランスについて議論することにした。文化遺産を観光事業につなげることの是非だけでなく，今後の望ましい方向性についても福岡と台北の事例から学び取ることができた。

- STEP1-Class ①～STEP2-Class ②

Class ①と②では文化遺産の保存と観光開発の両立問題について，どのような摩擦が起きうるかなど，まずはこの課題が持つ根本的な側面に注目して議論を行った。ディスカッションの進め方については，CAP in Seoul-Fukuoka と同じであるため，68～75 頁を参照頂きたい。

- STEP2-Class ③

Class ③では，福岡と台北の両都市で，歴史的遺産が観光産業にどのように活かされているのか，それぞれの地域が持っている歴史的背景は活かしきれているのか，歴史的遺産の保存と観光開発のバランスはどのように取ればよいのかなどについて，ディスカッションを行った。そして，最終プレゼンテーションに向けて資料作成に入った。

- STEP3-Class ④

福岡と台北でのフィールドワークで得た情報をもとに，プレゼンテーションに臨んだ。学生たちからは，台湾は観光産業の育成を通して多くの観光客の受け入れに成功しているものの，行き過ぎた開発のため，文化遺産の歴史的背景が軽視されているという指摘が出た。

あるグループは，福岡の太宰府天満宮と門司港，そして台湾の龍山寺を比較し，それぞれの優れた点と学ぶべき点を取り上げた。太宰府の特徴としては，歴史的遺産と観光産業とが融合しており，街中もきれいに整備され，商店が並ぶ参道，綺麗な周辺環境，周辺の歴史的遺産をしっかりと活かしたプロモーションが成されていることが挙げられた。門司港も，同じくその歴史を最大限に活かした観光産業になっていると評価した。

一方，台北の龍山寺は，深い歴史，豊かな文化と便利な交通を兼ね備えており，太宰府のような優れた観光地になる可能性を秘めているが，まだそれらが活かしきれていないと学生たちは判断した。龍山寺の周囲には，最も古

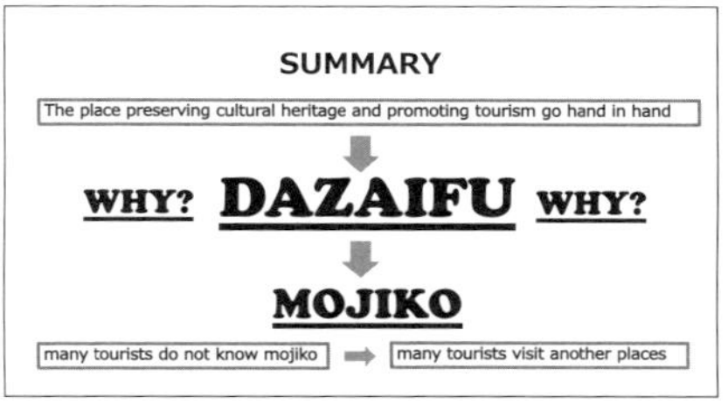


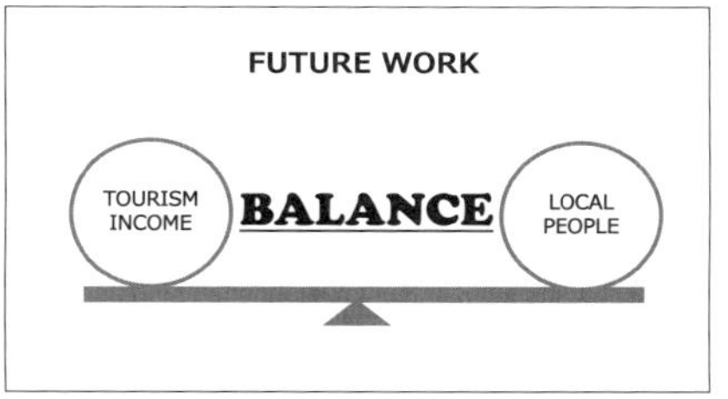


**図13**　最終プレゼンテーション資料から抜粋

くから開発された剝皮寮歴史街区（Bopiliao Historical Block）があり，その保存と活用が行われているが，見学をしてもその地区の歴史や特徴について詳しく知ることはできなかった。台湾では，文化遺産の歴史があまり重視されていないことが浮き彫りになったのである。

質疑応答の時間には，歴史的遺産をただ保存するだけに留めず，その歴史的背景を活かした観光産業を育てていくことの是非，また方法について意見が交わされた。図13は，あるグループの最終プレゼンテーション資料の中から，Summary と Future Work の部分を抜粋したものである。参考までに載せておく。

〈学生の感想〉　Cultural Heritage and Cultural Tourism

プレゼンテーションでは最も文化保全に成功している都市と最も観光地化できている都市，保全と観光地化の双方のバランスがとれている都市を発表することが求められました。

私たちのグループでは，全体的に台湾のスポットは「観光地化」に傾いているとの見解になりました。私たちは，台湾は観光大国ゆえに日本より広報に多くの労力がかけられているからだろう，と考えたのですが，台湾の学生は極端に「観光地化」し過ぎていると嘆いていました。彼らは「九份」や「十份」を例に挙げ，そうしたスポットは「千と千尋の神隠しの舞台」，「ランタンの街」といった観光的な一面のみが取り沙汰されていて，歴史的な側面は無視されてしまっていると主張しました。
一方，日本では極端な「観光地化」は起きていないという意見でした。福岡で私たちは門司港，博多，太宰府や柳川などを訪問しましたが，いずれの場所も「歴史」が集客につながっていました。高層ビルが立ち並ぶ博多も「歴史」に着目した観光プロモーションを行っていました。それらのスポットが売りにしている「歴史」が史実に忠実かどうかは疑問もありますが，興味をもってホームページを調べた人や実際に足を運んだ人が，何かしら歴史や文化的な学びを得るのは確実でしょうし，現在の方向性で「観光地化」を進めたら同時に「文化保全」にもつながると考えられ，日本は案外上手くやっているのでは，という意見も出ました。最終的には，やはり「観光地化」と「文化保全」の「バランスをとったプロモーション」が大事であるとの結論に達し，最終日にプレゼンテーションを行いました。

（九州大学文学部１年　南 妃）

＊　＊　＊　＊

CAP in Taipei-Fukuoka は，CAP in Seoul-Fukuoka と CAP in Busan-Fukuoka，CAP in Hawaii の３つのプログラムを運営しながらこれまでに得たノウハウを活かして企画・運営したプログラムである。CAP が重視している協働学習を実施するためには，日本と台湾の共通課題を見つけ出す必要があった。「少子高齢化と外国人労働者受け入れ」と「文化遺産の保存と利用」という共通課題にたどり着いたが，それぞれの課題に対して台北と福岡の両都市が持つ特徴を充分に活かしたプログラム運営ができた。フィールドワークや PBL/TBL 形式のディスカッションを通して，海外の学生と経験を共有しながら学び合うという，CAP の特長が発揮されたと自負している。CAP in Taipei-Fukuoka の成果により，共通課題の設定方法次第で，どの地域や国とも，教育的効果が期待できる中身の濃いプログラムの企画・運営が可能であることが示せた。

## 5.3 CAP in Hawaii 2018

CAP in Hawaii 2018では，九州大学の学生８名と西南学院大学の学生１名，韓国の高麗大学の学生３名，釜山大学の学生３名，ハワイ州立大学の学生６名がハワイ州立大学マノア校に集まって，３週間，共に学んだ。２つの都市を行き来しながら行う他のプログラムとは異なり，CAP in Hawaiiでは，ハワイ州立大学ですべてのプログラムを実施した（図14）。

このプログラムで扱った共通課題は，「Security（安全保障）」，「Civic Education（市民教育）」，「Cross-Border Movement of People（人の国際的移動）」の３つである。米国や韓国の学生と協働学習を通して学びたい課題を学生たちが自ら設定した。

課題「安全保障」は，アジア太平洋地域における平和的な秩序の構築について考えようというものである。ハワイは，在日米軍と在韓米軍を統括する太平洋軍司令部が現在駐屯している場所である。その歴史的，地理的位置を勘案し，アジア太平洋地域の安全保障問題を学習するのに最適な場所であると考えた。CAP in Hawaiiでは，こうした安全保障に対する日米韓それぞれの視点・対応に注目し，各国のアプローチの違いに留意しながら，互いに協力可能な領域を見出すようにした。

課題「市民教育」では，世界的にナショナリズムの傾向が強くなっている中，人類の普遍的価値（国家間の境界を越えた人類共通の価値）を，どのように市民教育を通して具現化できるかについて考えることにした。自国優先的思想が，極端な排外主義に傾いてしまう傾向があることを共有し，その代案を模索した。このように日米韓の3ヶ国の学生が集まるという利点を活かして，それぞれの国や社会におけるナショナリズムの現状を確かめ，乗り越えるべき課題を一緒に整理していくことは，難しくはあるが，意義ある学びになるだろうと考えた。また，ハワイが実際に，今，直面している問題も取り上げ，ぶつかり合う価値の中で優先すべきものについて考えるところまで議論の射程を広げた。

課題「人の国際的移動」では，移民や難民問題などを扱った。ハワイは米国でも珍しく人種のマジョリティが存在しない地域であり，開かれた社会を作っている。そんなハワイであるからこそ，人の国際的移動について考えるのに最適の場所であると考えた。また，ハワイ州立大学から参加する学生の多くは，移民家庭で生まれ育った若者たちであり，世界の移民問題に対する彼らの認識も，ぜひ聞かせてもらいたいと思っていた。ハワイの日系人と韓国系移民の歴史に触れながら，現代における人の国際的移動の傾向やその課題について学習した。

このようにハワイという場所が持つ特徴を活かしながら，講義とフィールドワーク，ディスカッションを行い，学生たちは課題への理解を深め，解決案を盛り込んだ最終プレゼンテーションを行った。

### 5.3.1　講義

ハワイ州立大学の教員がそれぞれの共通課題について講義をした。「安全

CAP in Hawaii 8.8-26

| Mon | Tue | Wed | Thu |
|---|---|---|---|
| | | **8**<br>福岡→ホノルル<br>ソウル→ホノルル<br>釜山→ホノルル<br><br>開講式 | **9**<br>講義①<br>Migration to Hawaii and the US<br><br>アカデミックプレゼンテーション① |
| **13**<br>講義②<br>Regionalism in East Asia Today<br><br>アカデミックプレゼンテーション② | **14**<br>フィールドワーク②<br>Pearl Harbor：USS Arizona Memorial & USS Missouri Battleship | **15**<br>講義③<br>The Security of Cultures of East Asia | **16**<br>ビジネスワークショップ①<br>Hawaii Coffee Company<br><br>アカデミックプレゼンテーション③ |
| **20**<br>講義④<br>Economy and Society of Hawaii<br><br>アカデミックプレゼンテーション⑤ | **21**<br>フィールドワーク③<br>Japanese Cultural center | **22**<br>ビジネスワークショップ②<br>Honolulu Star Advertiser<br><br>アカデミックプレゼンテーション⑥ | **23**<br>プレゼンテーションリハーサル |

**図 14**　2018 年度のスケジュール

保障」についての講義「The Security of Cultures of East Asia」では，東アジア及び日韓米3ヶ国の安全保障を安全保障のアイデンティティの観点から取り上げた。また「Regionalism in East Asia Today」では，東アジアのリージョナリズムの歴史的変遷をたどりながら，米国が東アジア地域とどのように関わってきたのかに注目した。

〈学生の感想〉「The Security of Cultures of East Asia」を受講して

東アジアにおける安全保障の状況について学んだあとに，各個人の安全保障についての考えをグループでアウトプットしました。授業の中では，アメリカは建国以来の古典的な自由主義に基づいた，韓国は地政学的に大国に囲まれていた，そして日本は日米安保条約と平和主義という両面性を持った安全保障のアイデンティティをそれぞれ持っていることを学びました。こういった基礎的な知識を頭にインプットした上で，講義を担当したLonny Carlile教授は次に，私たち自身へ質問を投げかけてきました。個人的には，このようなインプットとアウトプットがセットになった授業は理解を深めるためには非常に効果的だと思いました。教授の問いかけた質問は「あなたの国にとって安全保障とは何か」というもので，私たちはこの問いに的確に答えるために，安全保障の分析フォーマットに沿って分析を行いました。

| Fri | Sat | Sun |
|---|---|---|
| **10**<br>フィールドワーク①<br>・Bishop Museum<br>・Kahana Valley<br>(Native Hawaiian Village) | **11**<br>グループ学習 | **12**<br>グループ学習 |
| **17**<br>アカデミックプレゼンテーション④ | **18**<br>グループ学習 | **19**<br>グループ学習 |
| **24**<br>アカデミックプレゼンテーション⑦⑧<br>最終プレゼンテーション<br>修了式 | **25**<br>ホノルル→福岡<br>ホノルル→釜山<br>ホノルル→ソウル | **26**<br>帰国 |

ここで面白いと感じたのは，このモデルに沿った分析例の一つであるアメリカと中国の対比でした。アメリカの場合は，安全保障の最重要の核として国際的な影響力と自由主義が挙げられ，その中ではアメリカ政府自体が最重要の防衛目標であるのに対し，中国の場合は領地と政府のイデオロギーが安全保障の核であり，体制（中国共産党）こそが最重要防衛課題であると位置づけられていることでした。加えて，それらを守る手段として単に軍事力だけでなく，経済的な影響力や，ソフトパワーといったものも安全保障の手段になるということも面白いと感じました。

各自の分析結果をハワイや韓国の学生と共有する際には，日本の安全保障の核が何かを明確に答えることができず，実は自分の国についても十分な知識を持っていないということに気づくことができた印象的な授業でした。

（九州大学経済学部２年　浜川 薫）

「市民教育」については，ハワイの行き過ぎた観光開発や環境問題，米軍基地とネイティブハワイアンの葛藤，深刻化するホームレス問題など，地上の楽園的イメージとは裏腹にハワイが抱えているさまざまな問題に注目した講義「Economy and Society of Hawaii」を行った。

〈学生の感想〉「Economy and Society of Hawaii」を受講して

この授業では，ネイティブハワイアンの教授から，ハワイの歴史とともにハワイの経済と社会文化について学びました。また，ハワイの言葉や，ハワイ王室の歴史なども説明されました。ハワイの原住民の人びとの言葉を学び，ハワイの人たちが大切にしている概念や信念を理解することが出来ました。ハワイの人々が特に大切にしているのは，謙虚さ，ハワイの言葉で“Ha ‘aha’ a”という精神であり，昔のハワイの人びとの生活について聞くと，いかに彼らがそれを大切にしていたのかがよく分かりました。

他にもハワイの州旗がなぜイギリスの国旗に似ているのか，ハワイに初めてクックが訪れたときから始まるハワイ原住民と白人の戦い，代々のカメハメハ大王の特徴や彼が何をしたのかについて，そして現在の観光地化したハワイならではの問題についても知ることも出来ました。
ハワイはもともと農園でしたが，観光地化したがために，急激なホテル開発による地価の高騰でホームレスが増加，また，急激な人口増加によるごみの問題が発生するなど，いわゆる観光公害と呼ばれるものが問題となっています。しかし，その一方で，観光業による収入が大部分を占め，特に税収は，観光業に頼る部分が大きいため，規制を設けるのも厳しいというのが現状だそうです。
この授業を通して，日本から見たリゾート観光地としてのハワイというイメージからは想像できないような，現実の一つの社会としてのハワイの側面を知ることができました。プランテーションの日系移民など随所で日本やほかの国々との関連が見られ，他の国々と深く関係しながら発展してきた地域なのだという印象を強く受けました。

（九州大学法学部2年　林 実咲）

「人の国際的移動」については，分類や規制といった移民に関する基本的な考え方に基づいて，米国やハワイへの移民の傾向について学ぶ講義「Migration to Hawaii and the US」を行った。

〈学生の感想〉「Migration to Hawaii and the US」を受講して

普段はあまり意識されないことですが，“移民”は日本でも暮らしています。私は1年次にCAP in Seoul-Fukuokaに参加するまでこのことに殆ど気が付きませんでした。しかし，少し注意をして生活するとコンビニや病院などの施設に，その存在を多く認めることができます。時代の流れとともに少子化や国際化の速度が加速する中で，存在感が増している議題であると感じます。
講義は，現在のハワイで働く移民たちについてのものでした。私は事前学習でハワイにはアジアにルーツを持つ人々が大勢暮らしていることを勉強しましたが，ここでは現在の観光業が盛んなハワイには，メキシコ人移民がホテルなどのサービス業界で働いていることが紹介されました。そして，移民が抱える低

賃金や教育の問題が浮き彫りにされました。興味深いことに，ハワイで働く移民の中には母国からアメリカ本土に移住した後，そこから更にハワイへ移住してきた人々もいるようで，人の国際的移動における複雑な動きに触れることができました。

また，学生の意見を共有する場は大変勉強になりました。というのも，日本における移民を議論するとき，専ら人口減少に焦点が当てられます。韓国では，日本と状況は似ていますが，いち早く移民政策を打ち出しています。アメリカ本土では不法移民の問題を抱えています。このようにバックグラウンドが異なる3国の学生から出る率直な意見は大変興味深かったです。これは答えが一つに定まらない問題であるということを再認識する機会となりました。

（九州大学理学部2年　白井 洸充）

### 5.3.2　フィールドワーク

#### （1）課題型フィールドワーク

学生たちは講義とディスカッションの合間に，共通課題に関連する場所でフィールドワークを行った。ハワイの歴史や自然に触れながら，ネイティブハワイアンの方々と実際に会って話を聞いたり，日系移民の歴史が現代のハワイ社会に与えている影響やその意味を探った。

● Bishop Museum and Kahana Valley

ハワイに到着して2日目に，オアフ島を横断する形でフィールドワークを実施した。午前中に Bishop Museum を訪問し，ノースショアの海岸で昼食を食べ，午後にはネイティブハワイアンの村がある Kahana Valley を訪問した。

Bishop Museum は1889年に設立された博物館である。ポリネシア文化のコレクションが数多く展示されているほか，カメハメハ王によってハワイ群島が統一されたことで始まったハワイ王国の歴史など，アメリカに併合される前のハワイの歴史も知ることができる。広大な太平洋上で行われた人々の移動に関する展示もあり，文化人類学的なアプローチからハワイが体験できる。

午後に訪問した Kahana Valley では，地形を上手く利用した農業や漁業を営むネイティブハワイアンの生活ぶりについて説明を聞いた。ビジターセンターには，伝統的な農機具や漁具が展示されている。施設の外では，バナナやタロイモの栽培の様子を担当者が紹介してくれた。アメリカ本土とは異なるハワイの歴史と文化に触れながら，ハワイの土地柄を実際に見ることができた。

〈学生の感想〉 Bishop Museum and Kahana Valley を訪問して

Bishop Museum では，アメリカ合衆国に合併される前のハワイを中心に，文化や歴史が実物や模型を通して効果的に説明されていました。展示全体を通して印象的だったのは，ハワイは日本同様島国ですが，1000 年以上前から様々な地域から人々が移り住んできており，日本よりも多様な人種が混ざり合っているということです。ハワイはポリネシア地域の人々・文化の集合体と言えるのかもしれません。また，昔は簡素な小舟に乗ってポリネシアの人々がハワイへ渡ってきたという説明を受け，人類のたくましさに感動しました。

Kahana Valley では，ネイティブハワイアンの女性から人々の思いや営みに焦点を当てながら，ハワイの歴史や文化についてお話を伺いました。Bishop Museum で身につけたハワイに関する知識が，ここでのお話により，生き生きと血の通ったものになり，ハワイを一層深く理解できた気がしました。一方でこの２つの場所を訪れ，ハワイは歴史的背景や文化，生活ともにアメリカ本土とは大きく様子を異にしており，ハワイがアメリカの一部であることに若干の不自然さを覚えざるを得ませんでした。ハワイは楽園としてのイメージが強いですが，ハワイが歩んできた，ときに苦悩をも味わった複雑な歴史的背景を垣間見た瞬間でした。

ハワイ大学の学生が，展示物やハワイの歴史について私たち日本人と韓国人に丁寧に説明してくれました。様々なことを分かりやすく解説してくれ，その知識量の多さに驚きました。私が逆の立場だったらどれほど日本のことを教えられるだろうか，という疑問も浮かび，自分がいかに日本を知らないか痛感する機会にもなりました。ハワイについて知識を深めただけでなく，日本について学びなおさなければならないという自分の課題も発見することができました。

（九州大学文学部2年　横瀬 未裕）

● Pearl Harbor

アリゾナ・メモリアルと戦艦ミズーリ号を見学した。アリゾナ・メモリアルは，旧日本軍による真珠湾攻撃で沈没した戦艦アリゾナ号の上に建てられた追悼施設である。戦艦ミズーリ号は，日本の降伏文書調印式が行われた戦艦である。署名式が行われた甲板には，降伏文書の写本と当時の様子が分かる写真も展示されている。アリゾナ・メモリアルと戦艦ミズーリ号，この2つの場所は，太平洋戦争の始まりと終わりの舞台であり，戦争と平和について考えさせられる場所である。

戦艦ミズーリ号のガイドは，日韓米で構成されている私たち一行に対し，戦争から友好関係へと転換した日米関係が持つ意義について熱く語ってくれた。2年前には，オバマ大統領が広島の原爆慰霊碑に献花し，被爆者の手を握ったことや，安倍首相がアリゾナ記念館に献花し，「和解の力」について語ったこともあり，学生たちは非常に関心をもって見学に参加していた。

アリゾナ・メモリアルと戦艦ミズーリ号を見学する前に，敷地内にあるミュージアムを訪問し，米国の視点では真珠湾攻撃がどのように捉えられているのかを学んだ。真珠湾の歴史についてハワイや韓国の学生と意見交換をし，この戦争の歴史が，各国でどのように受け止められ，記憶されているのかについても話し合った。

〈学生の感想〉　パールハーバーを訪問して

パールハーバーの施設内をめぐっていると，戦争の過酷さや悲惨さ，日本人が太平洋戦争の引き金を引いたという事実，母国が攻め入ってきた時，米軍に入隊した日系二世兵士の気持ち，様々な思いが私の中に入り混じり，重く深く，

ずしりと肩に乗ってきたような感覚になりました。
アメリカ人の中には真珠湾攻撃や太平洋戦争で心身の傷を負った人が大勢います。「日本人のことを憎んでいる人もいるのではないか」「そもそも日本人がパールハーバーに来ることを良く思っていないのではないか」といった考えも浮かんできました。躊躇いながらも現地のガイドの方に「日本人がパールハーバーを訪れることについてどう思っていますか？」と尋ねたところ，「確かにパールハーバーへの攻撃はひどいものだけれど，勉強のために来ているのだから嫌な気持ちになることはないですよ。安心して見ていってくださいね」と話してくださいました。ハワイや韓国の学生も「現在の日本人が悪いことをしたわけではない」という考えを抱いていました。
過去を変えることはできませんが，未来は今の私たちが作り上げていくものです。パールハーバー訪問で真珠湾攻撃や太平洋戦争を振り返って，戦争の悲劇を再認識し，今の私たちに出来ることは「これからの日米，日韓の関係をより良いものにしていくこと」なのだと強く思いました。

（九州大学農学部２年　川上 舞）

● Japanese Cultural Center of Hawaii

ハワイにおける日系人社会の形成過程とその苦悩について日系人の視点から学べる場所である。1868年に日本人最初の海外移住者がハワイに到着した。それ以降，生活が良くなることを夢見て多くの日本人が続々とハワイに渡ってきた。その移住の歴史や，ハワイでの生活ぶり，ハワイ社会における日本人移住者の地位確立，その変遷と苦悩について，当時の人々が残した言葉を通して詳細に知ることができる。

日系人のアイデンティティにとって大きな転機となったのは，旧日本軍の真珠湾攻撃である。彼らの多くは日系人であるという理由だけで収容されたり，米国への忠誠を示すために志願兵としてヨーロッパ戦線に参戦するようになる。このような歴史が，戦後のアメリカ社会における日系人の地位を確実なものにしたが，当時を生き抜いた日系人たちの苦しみ，葛藤が伝わってくる資料が多く展示されている。

〈学生の感想〉 Japanese Cultural Center of Hawaii を訪問して

Japanese Cultural Center の前に立ったとき，南国のパラダイス，ハワイに日系人の歴史が静かに保存されているということに不思議な感覚がしました。この Japanese Cultural Center では，明治時代の初めに本格的な日本人移民が誕生してから現在に至るまでのハワイにおける日系人の歴史に関して様々な展示が行われていました。そのなかには実際に使用されていた道具や，19 世紀初めの日系人家族の生活を再現した部屋，またハワイの日系人が経験した太平洋戦争についての映像などがありました。

多くの展示物から共通して読み取れたことは，日系人たちの間では，日本文化が大切に継承されてきたということです。たとえば，入り口に「義理」，「人情」，「忍耐」といった文字が刻まれた石柱が置かれており，‘I am what it is today because of you’（「おかげさまで」）と記されたパネルが掲げられていました。

一方で，戦争の記録はとても衝撃的なものでした。日系二世や三世の時代に太平洋戦争が勃発したのですが，ハワイの日系人たちは大変苦しい立場で戦時を過ごしたことが語られていました。彼らの多くはアメリカ人であるにもかかわらず，日系人であるという理由で多くのことが制限されました。青年達は信用を回復するために志願兵となって戦地に赴き，全身全霊で戦ったそうです。このことに僕は胸が痛みました。孫の代になる日系人が日本をどのように思っていたのかは測りかねますが，日系人たちの感情は間違いなく複雑であったはずです。これ以上の言葉が見つからずに，ただ黙って見ていました。
出口に着いたころには，このような歴史の終点に今のハワイがあることが分かりました。今回の訪問で現在の“太平洋の楽園ハワイ”ではなかなか見えてこない，日系人の記憶に触れることができたと思います。

（九州大学理学部２年　白井 洸充）

（2）自由型フィールドワーク

CAP in Hawaii は，全期間をハワイで過ごすため，自由型フィールドワークの進め方は，他の CAP プログラムとは違ってくる。事前研修の際に調べた情報をもとに日韓の学生が一緒に計画を立て，フィールドワークを行っている。ビジネスワークショップを準備するための現地調査を行うこともある。また，ハワイ州立大学の学生に地元を紹介してもらったり，自宅に招いてもらったりして，学生たちは現地の人の生活を間近で見ながら交流を深めることができる。

### 5.3.3　協働学習（ディスカッションとプレゼンテーション）

CAP in Hawaii での協働学習は，「アカデミックプレゼンテーションクラス」という授業で実施する。もともとはプレゼンテーションスキルを学ぶための授業であるが，現地の担当講師と協議を重ね，PBL と TBL 形式の協働学習を重視するカリキュラムに再構成した。現地の担当講師は，ハワイ州立大学で英語を第 1 外国語として学習している学生向けの教授法を研究している研究者である。授業ごとに課題を課すことで，学生のモチベーションを高め，課題に対するコメント，授業中のミニプレゼンテーションの録画とコメント，そしてメールでのやり取りを通してきめ細かい指導を行ってくれる。

図 15 は，2018 年度に実施した協働学習の流れである。3 つのステップ，8 回のクラスを設定し，各クラスで取り組むべきタスクも示してある。学生たちは「市民教育」，「人の国際的移動」，「安全保障」の 3 つの課題の中から 1 つを選択した。同じ関心を持つ日韓米の学生同士でグループをつくり，アカデミックプレゼンテーションの仕方について学びながら，ディスカッション

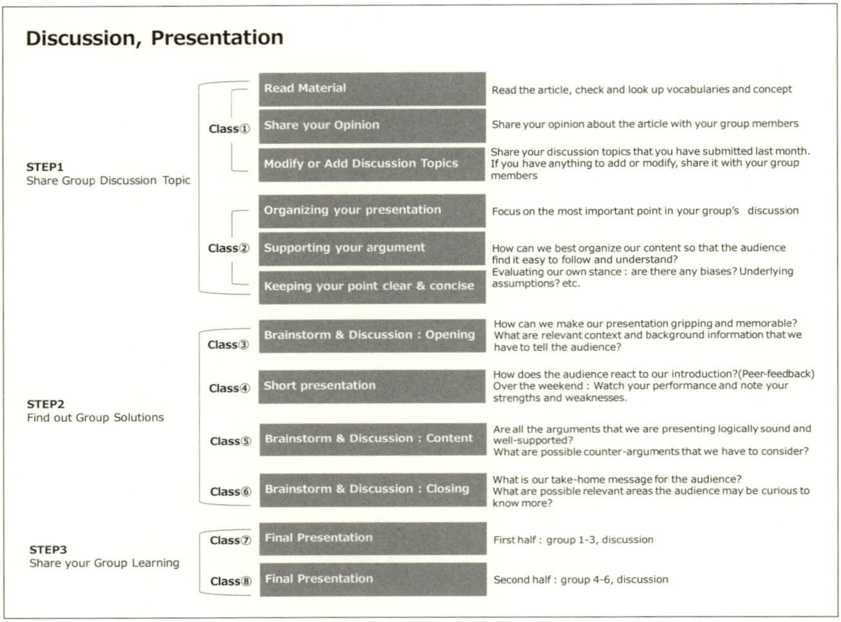


**図 15**　協働学習の流れ

とプレゼンテーションに取り組んだ。

STEP1～3 までの基本的な流れは，CAP in Seoul-Fukuoka をモデルとしている。各クラスの進め方は，CAP in Seoul-Fukuoka の 68～82 頁を参照頂きたい。ここでは CAP in Hawaii の特徴的な部分のみに触れながら STEP1～3 の簡単な説明をする。

- STEP1-Class ①～②

担当教員が用意したリーディング資料を読み，グループメンバーと記事の内容について意見を交わし，プレゼンテーションの輪郭を定める。ワークシートを使用しながら，学生自身の考え，またグループ全体での議論内容を整理しながら進める（表 8）。議論を通してグループごとに決めたプレゼンテーションテーマは，表 7 のとおりである。

**表7**　プレゼンテーションテーマ

| | | |
|---|---|---|
| 市民教育 | Group1 | Education system relate to nationalism |
| | Group2 | How can we understand with trans-national view? |
| 人の国際的移動 | Group3 | Immigration in the Asia Pacific |
| | Group4 | Refugee crisis |
| 安全保障 | Group5 | How can we deal with the North Korea Problem? |
| | Group6 | National security Floods |

● STEP2-Class ③～⑤

テーマが決まると，次は，ハワイ州立大学の図書館データベースを利用しながら関連資料を学生自身が探す。その後，各自が持ち寄った資料を，プレゼンテーションで使うものと，そうでないものとに，グループ内で議論を重ね選別していく。資料が揃ったら，プレゼンテーションの中身を練っていく。

テーマに対する聴衆の期待を醸成するようなイントロダクションとなるよう，構成を丁寧に考え，次にグループで持っている情報や主張したいことを効果的に伝えるための工夫を重ねる。各グループのプレゼンの導入部分のみのミニプレゼンテーションをグループごとに実施し，聴衆の反応をチェックしながらより相応しい発表方法を探っていく。このミニプレゼンテーションは録画され，学生に提供される。学生は自分たちの映像を見ながら修正点を見つける。講師からは話の構成や内容だけでなく，立ち居振る舞いや話し方についてもフィードバックを受ける。

● STEP2-Class ⑥

学生同士でプレゼンテーションを聞いて評価し合う。評価する時のポイントは，イントロダクションの適切性，主な概念が適切に説明されているか，

表8　Class ①のワークシート

Academic Presentation Class

## Assigned Reading Discussion

List your group's main points.

- Read the article, check and look up vocabularies and concepts. (20 mins)
- Share your opinion about the article. (20 mins)

Finalize the topic. Discuss the following questions to finalize your group's topic.

Questions:

- Who is the audience of our presentation? What do they want to know?
- How much do I know about the topic and what can I learn from my classmates?
- How can we organize our content so that the audience find it easy to follow and understand?
- Evaluating our own stance : are there any biases? Underlying assumptions? etc.

Write your topic in one or two sentences.

It should be clear what your group is going to talk about.

**表９**　Class ⑥のワークシート

Academic Presentation Class

## Peer Evaluation

Answer the following questions as you are listening to the presentation.

1. Does the introduction have a good hook? What did you like about it?

2. Does the introduction have enough background information? What did you like about it?

3. Are the topic and key points clear? What did you like about it?

4. What are the things you liked about the presentation? What are the things you think the presentation can be improved on?

## Self-evaluation

Answer the following questions after you have finished your presentation.

1. How do you feel about your presentation?

2. What are the things you think you and your group did well?

3. What are the things you think you and your group can improve upon?

そして改善点である（表9）。他のグループに対してだけでなく，自分自身のプレゼンテーションに対しても自己評価を行う。全グループの発表終了後，互いに評価シートを共有し，改善を行う。

大概のプレゼンテーション授業では，最後は時間に追われ，なんとか発表まで漕ぎつけたことだけで満足してしまいがちになる。そうならないように，学生同士で評価し合う時間を必ず設け，特に同じテーマに取り組んだ他のグループからはフィードバックを必ず受けることにし，完成度を高めるようにした。課題に対する理解が深まり，最終プレゼンテーションでより余裕を持って臨めるという効果があった。

● STEP3-Class ⑦～⑧

「アカデミックプレゼンテーションクラス」の最初の時間にシラバスとともに，採点基準を学生に提示し，プレゼンテーションの評価方法を明確に示している（表10）。学生がそれを意識しながら，目標意識を持って準備に取り組めるようにするためである。評価にはグループ評価と個人評価の2つの軸がある。グループ評価は，「イントロダクション」，「裏付け資料」，「構成」などの6項目を，個人評価のほうは，「発表の姿勢」と「質問への答え」の2項目を設定した。そして，グループ評価と個人評価のどちらにも講師のコメントが付く。表10はある参加者が受け取った最終評価である。参考までに載せておく。

**表 10**　最終評価の例

| Group Criteria | Meet the expectations | Close to expectations | | Below expectations |
|---|---|---|---|---|
| 1. Content: The presentation contained a clear introduction of the topic, and had a well-defined purpose statement. Presenters demonstrated a high-level of understanding about the topic. | **5** | 4 | 3 | 2 |
| 2. Supporting material: Presented well-supported arguments with careful attention paid to selecting non-bias, recent, consistent, and valid sources. Provided citations of the sources when necessary. | **4** | 3 | 2 | 1 |
| 3. Organization: Presented the topic in a clear and concise way and was easy to understand. Information followed a logical structure with clear signposts to help guide the audience. | **4** | 3 | 2 | 1 |
| 4. Group delivery: Professionally demonstrated a good team effort in giving an engaging academic presentation. Spoke at a clear and even pace throughout with natural and effective use of non-verbal expressions to accompany the message. | 5 | **4** | 3 | 2 |
| 5. Visual aid: Visual aid(s) used with the presentation was effective, relevant and helpful in supporting the talk. The presentation slides were free of spelling and other grammar errors. | 3 | **2** | | 1 |
| 6. Time Management: Spoke for at least 14 minutes and no longer than 16 minutes. Covered a variety of information without spending too much time on any one subject or going too fast. | 2 | **1** | | 0 |
| Group Total | 20/23 | | | |
| Comment: I think you have done a good job researching on this topic for the presentation. The strong point of your presentation is your content in which you had organized it very well. One suggestion is to state the limitation of this approach clearly in your purpose saying that your suggestion can be of a great alternative. You used the call and response technique to engage the audience. I think that was very effective. You can improve on your delivery to make it more fluent. For visual aid, I think that you have included some very helpful visuals to enhance your point. Eg. the natural resources in NK compared to SK and also how their natural potential for agricultural activity had dwindled over the years. Make sure the information on the slide was accurate. | | | | |

表 10 （続き）

<table>
<tr><th>Group Criteria</th><th>Meet the expectations</th><th colspan="2">Close to expectations</th><th>Below expectations</th></tr>
<tr><td>7. Individual delivery: Demonstrated a good command and variety of vocabulary and effectively used strategies such as gestures, vocal variations, pausing, stress and body movements. Spoke with clear pronunciation and natural pace throughout. Maintained good eye contact with the audience.</td><td>5</td><td>4</td><td>3</td><td>2</td></tr>
<tr><td>8. Questions and Answers: Answered questions about the presentation clearly and thoughtfully. Demonstrated good knowledge of the subject beyond just the presentation.</td><td>2</td><td colspan="2">1</td><td>0</td></tr>
<tr><td>Individual Total</td><td colspan="4">6/7</td></tr>
<tr><td colspan="5">Comment: Good performance on the final presentation. I can see a lot of improvement from your short presentation and rehearsal. You had good rapport with the audience, so with the improvement of your speaking skills, you can be much better at giving presentation. Try not to have the script at all to improve your confidence delivering your presentation.<br>I hope you will continue to work on improving your presentation skills so that you'll feel more comfortable speaking in front of an audience.<br>20 + 5 = 25/30 → 83.33 % (A)</td></tr>
</table>

各グループでの学生の活動については，参考までに３人の感想を載せておく。

〈学生の感想〉 Civic Education

私たちは，教育システムとナショナリズムというテーマのもと，「教科書問題」「国歌斉唱問題」について話し合い，それらの解決策を提案しました。韓国は現在，複雑な北朝鮮問題を抱える中，どのようにして中立的な見解を教科書に記載するのかという課題があるそうです。一方，日本では教員が起立して国歌斉唱しなかったため処分を受けたという事案が発生しています。これらに対する解決策として，私たちは「国の利害の影響を避けるべく，民間が中立的な教科書を作成する」「国歌斉唱を強制しない，学校現場でも国歌に関する問題を学び話し合う」と結論づけました。

しかし，効果的かつ明確な解決策が得られたとは言い難く，これらの問題の複雑さを痛感しました。ただ，教育システムとナショナリズムに関する問題はどこの国も抱えているのだろうし，国家・世界規模である分，これらの問題や解決策を考え続けること自体に大きな意義があるのではないかとも思いました。

また，ディスカッションを進めるなかで，私たちは主に日本と韓国の愛国心について比較を行いました。私たちが驚いたのは，日本と韓国での愛国心のイメージが異なっていたことです。どちらの国も愛国心を強要する教育は良くない，という意見は同じでした。しかし，日本では，愛国心は戦争時に日本政府が日本人を扇動するために利用した概念という印象が強く，愛国心という言葉はしばしばネガティブな意味で使われています。一方，韓国では，愛国心は日本からの独立をするために必要不可欠であったものとして，悪いイメージでは捉えられていないようでした。また，現在，朝礼時に愛国的文言の朗読があるなど，愛国心教育が公然と行われていることを知りました。

愛国心の日韓での捉え方は，戦争や歴史が影響した部分があり，自国の「現在」のみの問題ではないことに気づきました。愛国心の教育は一国のみの問題ではなく，国も時間も相対的に考える必要がある問題であると，今回のディスカッションを通して改めて感じました。

（九州大学法学部２年　林 実咲・九州大学文学部２年　横瀬 未裕）

〈学生の感想〉 Cross-border Movement of People

日本での事前学習の段階では，様々な国の難民受け入れ状況について調査をしました。まず，日本では難民受け入れの割合自体は低いものの，申請者の多くは就労目的で来ていたり，在留期限が切れる寸前の技能実習生，または退去強制処分を受けた人などで，保護する必要性が低いというのが現状です。そして，日本政府は中東に集中している難民のために約 3,000 億円の金銭的援助をしています。また，難民を多く受け入れている EU では，難民に対して寛容なあまりテロリストの情報が共有されておらず，テロが多発していたり，増加するイスラム教徒の文化を受け入れられない人々がヘイトクライムを起こしたりしていて，問題が山積していることが分かりました。このような理由から，日本がこれ以上難民を受け入れることに関して，私は反対の意見を持っていました。

そして，ハワイで韓国人と韓国系アメリカ人の学生と議論を進めたのですが，韓国やハワイも日本と同じように難民受け入れ率が非常に低いということが分かりました。また，済州島で多く受け入れられている難民のほとんどが職につけていないことから，私のグループのメンバーも難民受け入れに対して最初は否定的でした。しかし，難民について調査を行っていくうちに，アメリカやドイツなど難民を多く受け入れている国では，長期的にみると難民が払う税金が難民に対する経済的支援の金額を上回っているということが分かりました。また，難民の多くは起業家精神が旺盛で，自分の会社を立ち上げて国民への雇用を新たに生み出しているということも初めて知りました。難民受け入れによるメリットを見出す中で，この問題をめぐるさまざまな議論を知り，今までの自分たちはこの問題に対してバイアスを抱いていたことに気づくことができました。

（九州大学農学部３年　森田 大幹）

〈学生の感想〉 Deal with the North Korea Problem

私たちは北朝鮮の核問題が解決される過程で，東アジアに出現する新しい秩序をどのように構築していくかという問題についてディスカッションとプレゼンテーションを行いました。その中で新たに気づいたことがあります。それは日本国内からでは，他国の本当の現状や望んでいる秩序は何かについて理解できないということです。日本での事前学習で「日本と北朝鮮」「韓国と北朝鮮」「米国と北朝鮮」の３つに分けて，現状とこれからの展開について議論を行い，論点をまとめました。ハワイでは，韓国やハワイ大学の学生と，それぞれのトピックについてディスカッションしましたが，重要な問題だと考える箇所が異なっており，私たちは問題点としてとらえていなかったことが，韓国や米国では大きな問題につながっていたりすることが多々ありました。これを国家間の支援活動に置き換えて考えてみると，日本人が考える他国の問題と，その当事国にとっての問題は大きく異なっている可能性があります。「その国にとって本当に必要なこと，支援してほしいと考えていることは何なのか」を当事国の目線で考えることの重要性に気付くことが出来ました。どうすれば，日米韓３国が北朝鮮問題をめぐる立場の相違や認識のズレを乗り越え，新しい地域秩序を構築していくかをめぐって繰り広げられている対立を協力へ転換させるための努力が必要であることを実感しました。

（九州大学経済学部２年　浜川 薫・九州大学農学部２年　川上 舞）

### 5.3.4 ビジネスワークショップ

CAP in Hawaii 2018では，現地の企業2社でビジネスワークショップを行った。ここでは各企業で扱った課題について説明し，学生の感想も紹介する。

(1) Honolulu Star Advertiser

Honolulu Star Advertiserは，ハワイ州で最大の発行部数を誇る新聞社であり，毎年マスコミ志望の学生が訪問したがる企業である。例年ワークショップを始める前には，新聞社の印刷工場を訪れ，印刷過程の見学をさせてもらっている。2018年度のビジネスワークショップでHonolulu Star Advertiser社から提示されたワークショップの課題は，「Investigate newspapers' market situation in your country and propose the direction newspapers need to take for the future, and what they should do」であった。インターネットの普及により，新聞に対する需要が減っている昨今，新聞の広告収入も減少しており，程度の差はあるものの，日韓米の新聞業界が抱えている共通の課題である。現在の新聞業界の状況や課題に触れながら，将来のジャーナリズムのあり方についても考えるワークショップとなった。

〈学生の感想〉 Honolulu Star Advertiserでのビジネスワークショップに参加して

Honolulu Star Advertiserから与えられたプレゼンテーマは「デジタル化が進んだ世界で紙新聞はどのような戦略をとれば生き残れるか」というものでした。当初は面白そうなテーマでやりがいがありそうだと安易に感じていました。しかし，グループのメンバーと紙新聞の現状や日本の新聞社が実際に行なっている対策などを調べ，知っていくうちに，このテーマの難しさ，そして紙新聞が生き残っていくことの厳しさに気づきました。

私たちはまず，紙新聞やネットニュースに関するアンケートを作成し，主に同年代の人たちにSNSを通じて回答してもらい，それをもとに自分たちなりの対策を考えました。しかし，なかなか画期的なアイディアは浮かばず，グループ皆頭を悩ませました。実際に新聞社の方たちもこの紙新聞の存続についてすでに様々な対策を講じられており，Star Advertiserが求めているのは画期的で学生ならではの視点であるのだろう，と推測していたため，簡単には進みませんでした。

ハワイに渡ってからもグループで空き時間を見つけては話し合い，プレゼンの中身や原稿を最後まで修正しました。最終的には，20代をターゲットにした戦略を立てました。

プレゼン本番では質疑応答もあり，自分たちのプレゼンの至らない点を痛感させられましたが，良い視点だとHonolulu Star Advertiserの方に褒めていただけた点もありました。実際に企業の方からフィードバックをいただくとともに，この課題をめぐって会社側が取っている対策について説明していただきました。

（九州大学経済学部2年　牛島 大貴）

（2）Hawaii Coffee Company

ハワイを代表するコーヒーブランド「Lion Coffee」を生産している会社である。ここでも，ワークショップをする前に工場見学をさせてもらった。午前8時30分に工場に到着し，コーヒー豆の焙煎や出荷の様子を見学した。様々な種類のコーヒーを試飲しながら，味や香りを比べることもできた。2018年度のワークショップでHawaii Coffee Companyから提示された課題は「To assess the relative strengths and perceptions of Lion Coffee and Royal Kona Coffee in your country and propose a marketing strategy」であった。学生たちは，日本での事前研修期間中に，会社が実際に使用している市場調査用アンケートを使って，福岡のコーヒーショップを数店回り，インタビューを行った。その結果をもとに，コンサルタントになったつもりで，Hawaii Coffee Companyへの提案をプレゼンテーションした。同社の国際マーケティング担当者からは，発表に対するフィードバックを受けるとともに，海外市場への進出の際に企業が重視し考慮している点についても説明していただいた。

〈学生の感想〉 Hawaii Coffee Companyのビジネスワークショップに参加して

私たちのプレゼンの内容はHawaii Coffee Companyの2大ブランドであるライオンコーヒーとロイヤルコナコーヒーの日本でのマーケティング戦略を提案するというものでした。まず，戦略を考えるにあたり，これらのコーヒーの認知度や人々の評価について街頭アンケートを行いました。すると，知名度は高いものの，購入率としては3割未満という結果が出ました。この原因として，アンケートの結果からハワイのコーヒーは酸味が強いとイメージする人が多いのですが，日本人は浅煎り，つまり酸味が強いコーヒーを好まない傾向があります。そのため，飲む前から苦手意識を持ち購入には繋がらないのだと考えました。しかし，実際に一度でも飲んだことがある人の感想を聞くと，一般的な酸味が強いコーヒーは苦手だがハワイコーヒー特有の甘い香りや高級感に好印象をもつ人が多いことが分かりました。そこで私たちは，一度でもこれらのコーヒーを飲む機会があれば定期購入に繋がると考えました。それを踏まえて私たちが提案した案は次の2つです。一つ目はコンビニでコーヒーフロートとして販売するというものです。最近，コンビニコーヒーの売り上げが伸びてきているのに加え，アイスクリームによって酸味が強そうだという先入観が軽減され，購入する人が多くなるのではないかと考えました。二つ目の案はLINEアプリでの宣伝です。LINEは日本一利用者数が多いだけでなく，一般的なメルマガと比べて企業のメッセージの開封率が非常に高いと言われています。また，無料スタンプによって友達登録数も増やすことができるので，Hawaii Coffee Companyの公式アカウントを作り，クーポンなどを送ることで多くの人が購入するようになると考えました。

グループ全員で協力し，アンケート調査から発表準備まで時間をかけたので，企業の方からお褒めの言葉をいただくことができたのは，とても嬉しく達成感がありました。会社のマーケティングマネジャーから日本や韓国社会の特徴にしたがって異なる戦略を打ち出していることを学びました。
工場ではコーヒー豆の焙煎や出荷の様子を見学するだけでなく，様々な種類のコーヒーを試飲して味や香りを比べる経験をさせて頂き，記憶に残る時間になりました。私たちの発表以外に，韓国人学生のプレゼンも聞き，ハワイの学生と韓国の学生から質問を受けながら，自分たちの考えと共通する部分，異なる部分を比較し，異なる原因を考えることができました。

（九州大学農学部３年　森田 大幹）

＊　＊　＊　＊

ハワイという「第３の場所」に日韓の学生が集まり，地元のハワイ州立大学の学生と一緒に協働学習を進めることは，これまでになかった新しい取り組みである。日韓両国が抱えている課題をよりグローバルな観点から捉え直すことができ，グローバル社会で両国の協力をどのように位置づければよいのかを考える機会になる。両国関係を相対化して，協力可能な領域を見出すことに夢中になっていた学生の姿が強く印象に残っている。CAP in Hawaii の成果により，日韓の若者が２国間の枠から飛び出し，互いにとって深い関わりのある「第３の場所」で協働学習しながら学ぶことの意義とその教育的効果が充分に示されたと確信している。

# 第6章
# 事後研修

本プログラムが，ファーストステップとしての機能を効果的に発揮できるように，プログラムの終盤には学生たちを次のステップにつなげるためのフォローをしている。具体的には，海外研修から帰国後，必ず事後研修を実施し，プログラムの全過程を一緒に振り返るのである。CAPで体験したことを，次にどう活かし，次のステップの準備をどのようにしていくべきかを学生が自ら整理し，実際に行動に移せるように，しっかりと時間をとるのである。

事後研修は，①事後アンケートとレポート，②総括ワークショップ，③報告会の3段階から成り立っている。

## 6.1　事後アンケート

事後アンケートは，海外研修前の事前アンケートとセットになっている。海外研修前後で自身の変化，成長を学生本人が確認できるようにするためで

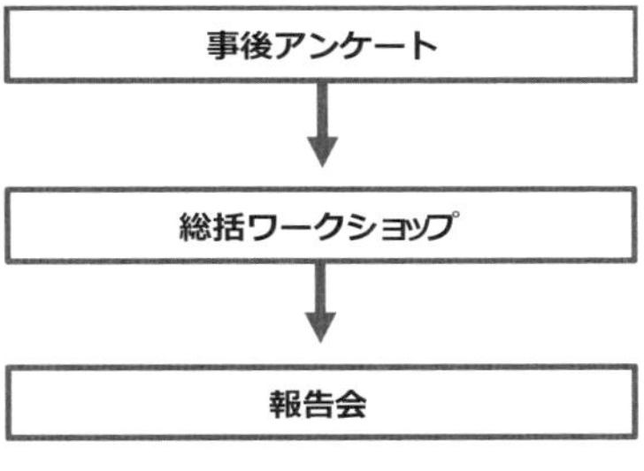


図1　事後研修の構成

**表1**　CAP in Seoul-Fukuoka　事前/事後アンケート

| 事前アンケート | | |
|---|---|---|
| | 質問 | 回答 |
| Q1 | プログラムで達成したい目標は何ですか。その理由も書いてください。 | 一つ目は，自分の英語がどのくらい外国人に伝わるのかを感じるということ。自分の英語力はまだまだだと分かっているが，それを実際の場で痛感し，これからの英語学習に活かしていきたい。二つ目は，コミュニケーション力の向上である。今回はまったく知らない人と出会い，過ごすことになる。そのような環境の中で，自分のコミュニケーション能力を高めていきたい。 |
| Q2 | 英語で実施するプログラムという点がどの程度申し込みの動機になりましたか。その理由も書いてください。 | これまで学んできた英語力を試し，自分の課題を発見したいと思う。 |
| Q3 | 韓国の学生と一緒にやってみたいと思っていることは何ですか。(公式プログラム以外の自由時間を含めて書いてください) | 韓国の学生と韓国語で話してみたい。韓国語を履修しているので，どのくらい通じるか試してみたい。たくさんお話ししたい。 |
| Q4 | 身につけたい能力がありますか。その理由も書いてください。 | コミュニケーション能力→将来，就職する上で人間力というものがとても大切になってくる。今のうちにいろいろな人と話せるようになりたいから。<br>語学力→英語を外国人と話す能力が欲しい。長期留学に向けて英語力を向上させたい。 |

| 事後アンケート | | |
|---|---|---|
| | 質問 | 回答 |
| Q1-1 | 参加前に立てた目標はどの程度達成されましたか。その理由も書いてください。 | 半分くらい達成できた。自分の英語があまり伝わらず，まだまだだなと感じられたのはよかったが，コミュニケーション能力の向上というところでは，最初は緊張してなかなか話せなかったからである。 |
| Q1-2 | 当初の目標を達成するために工夫したことがあれば書いてください。 | 慣れてきた頃から，自分から積極的に英語を話すようにした。韓国人に多くの質問をした。分からないことはすぐに質問をするように意識した。 |
| Q2 | プログラム中に英語または韓国語によるコミュニケーションはどの程度達成されましたか。その理由も書いてください。 | 韓国人に韓国語を教えてもらいながら，実際の会話で使ってみたりした。なので，前よりも韓国語が話せるようになった。英語は，理解するのにとても時間がかかってしまった。 |
| Q3 | 韓国の学生と互いの国で学び，自由時間を含めて一緒に活動しながら，協働学習をしたことの意義をどのように感じましたか。その理由も書いてください。 | 言語も文化も違う人たちと暮らしていく中で，誤解が生じることもあり，自分たちの気持ちをきちんと伝えていくことが大切だと思った。私たちのグループは途中で誤解が生じてしまったが，グループ全員で話し合いをして解決することが出来た。 |
| Q4-1 | プログラムを通して身につけた力，能力，視点などがあれば，書いてください。 | 自分の分からないことをそのままにせずに，素直に教えてほしい，助けてほしいと言えるようになった。分からないことは恥ずかしいことではなく，分からないのに分かったふりをすることが一番恥ずかしいことだと思った。 |
| Q4-2 | 今回の経験を活かして次に挑戦してみたいことがありますか。その理由も書いてください。 | 交換留学に挑戦してみたい。韓国人はほんとに勉強熱心だと思った。受験戦争が厳しい国であるというのもあるかもしれないが，自分たちで積極的に学ぼうとしている姿勢に感心した。 |

**表2** CAP in Taipei-Fukuoka の事前/事後アンケート

| 事前アンケート | | |
|---|---|---|
| | 質問 | 回答 |
| Q1 | プログラムで達成したい目標は何ですか。その理由も書いてください。 | プログラム中でもそれ以外の時間でも，仲間同士でしっかりコミュニケーションをとって仲を深めたい。課題に取り組む際は，英語に臆することなく，自分の意見を伝え他のメンバーと濃い議論をしたい。 |
| Q2 | 英語で実施するプログラムという点がどの程度申し込みの動機になりましたか。その理由も書いてください。 | かなりの程度。習うばかりではつまらないので，実際に使ってみたいから。特に，英語で議論したり，街を案内したりする実践的な点に惹かれた。 |
| Q3 | 台湾の学生と一緒にやってみたいと思っていることは何ですか。(公式プログラム以外の自由時間を含めて書いてください) | 何より台湾の学生ならではの意見を聞きたい。一緒に議論する課題についてはもちろんだが，福岡にも来てもらうので日本に来てみて，福岡に来てみてどんな感想を持ったかについて聞いてみたい。また，私達が台湾に行く際には，現地の人たちが日常的に行く穴場スポット等に行ってみたい。 |
| Q4 | 身につけたい能力がありますか。その理由も書いてください。 | 大きく3つある。まずは語学力。特に，リアルな議論を通して大学生らしく，学術的な英単語を自分のものにしたい。2つ目はコミュニケーション力。そのために，具体的にはアウェイな状況下でも自分の意見を伝えることと，相手の意見にも耳を傾けることの両方を意識したい。最後に目標になるが，理解し理解してもらうこと。福岡で一週間，台湾で一週間過ごすわけだからリアルな日本を感じてもらいたいし，私も自分の身体で台湾を感じてみたい。 |

| 事後アンケート | | |
|---|---|---|
| | 質問 | 回答 |
| Q1-1 | 参加前に立てた目標はどの程度達成されましたか。その理由も書いてください。 | 6割程度。英語でのコミュニケーションは苦労もあったが自分なりに精一杯頑張れた。議論に関しては自分の意見を主張しきれなかった。 |
| Q1-2 | 当初の目標を達成するために工夫したことがあれば書いてください。 | 初めはできるだけ詳しく伝えようなどと肩肘をはりすぎて，コミュニケーション疲れをしてしまったので，途中から短く簡潔な言葉を意識しつつ，ジェスチャーなども，織り混ぜてみた。 |
| Q2 | プログラム中に英語によるコミュニケーションはどの程度達成されましたか。その理由も書いてください。 | 5割。基本的なことは伝えられた。相手が言っていることはほとんどわかったが，細かいニュアンスが伝えられずもどかしかった。 |
| Q3 | 台湾の学生と互いの国で学び，自由時間を含めて一緒に活動しながら，協働学習をしたことの意義をどのように感じましたか。その理由も書いてください。 | 自由時間が多かったのは良かった。とはいってもプレゼンなどに備える必要があり自主的に集まって話し合いなどできたのはすごく良かった。一緒に街を歩き回ることで，さallocaいなことに対しても意見交換したりして，とても面白い経験ができた。 |
| Q4-1 | プログラムを通して身につけた力，能力，視点などがあれば，書いてください。 | 粘り強く考える力。それと，各グループのプレゼンを見て，同じ内容でもこんなに個性が出るんだ，見方は一つや二つではないなと実感できた。 |
| Q4-2 | 今回の経験を活かして次に挑戦してみたいことがありますか。その理由も書いてください。 | 長期の留学。今回台湾の生徒たちに中国語もたくさん教えてもらったので，中国語圏に留学してみたい。 |

ある。事前アンケートでは，学生がどのような問題意識を持って，どのような目標，目的で海外研修に参加するのかを書かせる（第4章を参照）。そうすることで，ただ漠然とした楽しい時間を過ごす海外研修ではなく，建設的な気づきのある研修となる。帰国後には，学生たちは事前アンケートを振り返りながら，事後アンケートに記入し，どの程度目標が達成されたのかを自ら評価する。

事後アンケートでは，成果の部分を評価するだけでなく，海外研修全体を通してうまくいかなかったこと，計画通りに進まなかったことも記入させている。思うように物事がうまく進まない時にこそ，工夫や成長の機会があるからだ。そんな工夫，行動を振り返り，そこから学んだことについて考える。さらに，海外の学生との協働学習を通して得られたものについても整理する。最後に，CAP での経験をどのように次に活かすかについて，書き出すようにしている。

事後アンケートでよく見られる回答は，英語力不足のため，伝えたいことを思うように伝えられず，今後は「語学勉強に力を入れたい」，「日頃の学習に対する向き合い方を変えた」という前向きなものである。さらに，2 週間という短い期間の間にも，自分自身の成長を感じることができたことで，自信がつき，「さらなる高みを目指して長期留学に挑戦してみたい」と答える学生も目立つ。実際，2018 年度の事後アンケートで，長期留学に向けて準備をしたいと答えた学生は，CAP in Seoul-Fukuoka に参加した九州大学の学生 15 人のうち 9 人，CAP in Taipei-Fukuoka に参加した 12 人のうち 9 人だった。CAP in Seoul-Fukuoka と CAP in Taipei-Fukuoka に参加した学生の事前/事後アンケートをそれぞれ紹介しておきたい（表 1，2）。

## 6.2 レポート

CAP は単位認定を行っている。そのため，海外研修での最終プレゼンテーションとともに，レポートも重要な評価対象となっている。レポートでは，海外の学生との協働学習を通して学んだことについて書いてもらい，この書く作業を通して自分の学習活動を整理できるようにしている。基本的には日本語で書いてもらうが，単位互換を行う場合は，台湾や韓国の教員が採点できるように英語で書いてもらう。例えば，CAP in Seoul-Fukuoka 2018 のレポートでは，以下の課題を出した。

〈課題〉

ソウルと福岡で協働学習した「災害と安全」と「少子高齢化と外国人労働者受け入れ」の中から一つを選び，①課題への理解を深めたこと，②解決策を見出す中で学んだこと，について韓国の学生との協働学習を中心に書いてください。

〈補足説明〉

CAP に参加したからこそ書ける具体的なレポートにすることがポイントです。皆さんが事前研修で学習し，準備したこと（特にディスカッションの論点）が，海外研修で韓国の学生と議論し，プレゼンする過程でどのように変化し，発展していったのかを中心に，具体的に書いてください。また，プレゼン資料の最後に入れた‘Future Work’について触れるのもよいと思います。議論の時間が足りず，具体的な解決策を見出すことはできなかった場合には，課題を考える上で出てきた問題点，また，その中でも，今後も更に学習を深めていきたいと思った点について述べてください。

レポートの目的は，あくまで「事前研修」→「海外の学生とのディスカッション」→「プレゼンテーション」という協働学習の流れの中での議論の発展，考え方の変化，発見や知識の広がりなどを振り返り，学生が自分の学んだこと，自分自身で気付いたことを整理してもらうことである。海外研修でのディスカッションをうまく進められたなどの成功体験を求めているわけでは全くない。

## 6.3 総括ワークショップ

事後アンケートとレポートの内容をもとに，研修参加者全員が集まって総括ワークショップをする。どのような場面で「学び」を得たのか，グループごとにディスカッションし，その後，参加者全員でそれぞれの経験を発表し共有するという手順で進めている。

参加者の中には，プログラムへの期待と実際の経験や成果との間にギャップを感じた学生が少なからずいる。その点についても話し合ってもらい，今後の自分の課題として整理をする。そして，大学生活，勉強や研究，また長期留学にそれらの課題をどのように活かせるのかについて議論し，共有する時間を持つ。更には，次のステップに踏み出すために何が求められているのかについても話し合い，結論をまとめる。毎年，同ワークショップでの議論をもとに，学生たちでパネルを制作し，図書館に展示することもしている。総括ワークショップの進行メモは以下のとおりである。

**表3**　総括ワークショップの進行メモ

● CAP in Busan-Fukuoka

・趣旨：事前研修と海外研修での協働学習の延長，更なる課題発見の場

・重点的に話し合うべきこと

課題を共有する時間（プログラムの準備，参加，今後の活かし方）

事前と事後アンケート：達成度や肯定的な評価よりは，課題を発見する

「学び」を得たのか：どんな場面で，どのようなやり方で

協働学習はどのように行われたのか：日本人学生の間，日韓学生の間

第1部　グループ・ディスカッション（30～40分）

・二つのフィールドワーク・グループで集まり，トピックを中心にディスカッ

ションを実施（リーダー1名，記録1名）

Group1，Group2

トピック：ディスカッションとプレゼンテーション

内容：ディスカッションにおける協働／最終プレゼンテーション

Group3，Group4

トピック：講義，日本におけるフィールドワーク

内容：どんな講義が必要か，授業の進め方は？／フィールドワークの使い方

Group5，Group6

トピック：ビジネスワークショップ

内容：問題の発見と解決／どんなチームワークだったのか／リーダーとしての役割／メンバーとしての役割

Group7，Group8

トピック：韓国という現場で学び合うこと

内容：韓国人と同じ教室で学ぶこと／韓国人と英語で対話すること／隣国を学ぶこと／認識変化の有無

Group9，Group10

トピック：コミュニケーション

内容：意思疎通／公式プログラム以外の交流／自由時間の過ごし方／共同経験，共同行動で見えてきたこと

第2部　ゼネラル・ディスカッション（40分）

・グループ・ディスカッションで議論したことに基づき，各グループ8分（5分発表，3分Q＆A）

・発表は次の3点を含める

①良かった点

②改善したい点

③各トピックの経験から，次に活かしたい点：

日頃の学習／語学勉強，国際交流，長期留学（交換など）

第3部　パネル制作について協議（10～20分）

**写真1**　総括ワークショップの様子

## 6.4　報告会

CAPの成果や日ごろの学習，長期留学へのCAP体験の活かし方を学内外に発信する報告会を開催している（2016年度には「短期留学プログラムへの期待と現状」というテーマでシンポジウムを開いた）。

報告会には，CAP参加後に交換留学に行ったり，グローバルに展開している企業等に就職したりしたOB, OGを招いている。ファーストステップとしてのCAPをどのように次に活かしたのか，その経験談を話してもらうためである。CAPに参加したばかりの1，2年生たちが，OB，OGの話を聞くことで自分たちの次のステップについて考えるヒントを得ることができる。CAP参加者同士のつながりを強化する効果もあり，留学に関する情報を提供し合う場としても役立っている。

報告会には日本の学生だけでなく，韓国や台湾の学生も参加し，報告してもらっている。また，学生だけでなく，プログラムで講義を担当した教員やビジネスワークショップを実施した企業の担当者からの報告もある。それぞれの立場から見えた課題を共有し，改善策を見出す時間としても活用している。

2018年度報告会では，海外の学生とPBLとTBLで協働学習したことについて，学生と教員がそれぞれの観点を提示しあい，協働学習の成果と今後の課題について報告した（図2)。これまで体験したことのなかった「学びのプロセス」を通して，学び方を再考するようになったと報告した学生や，海

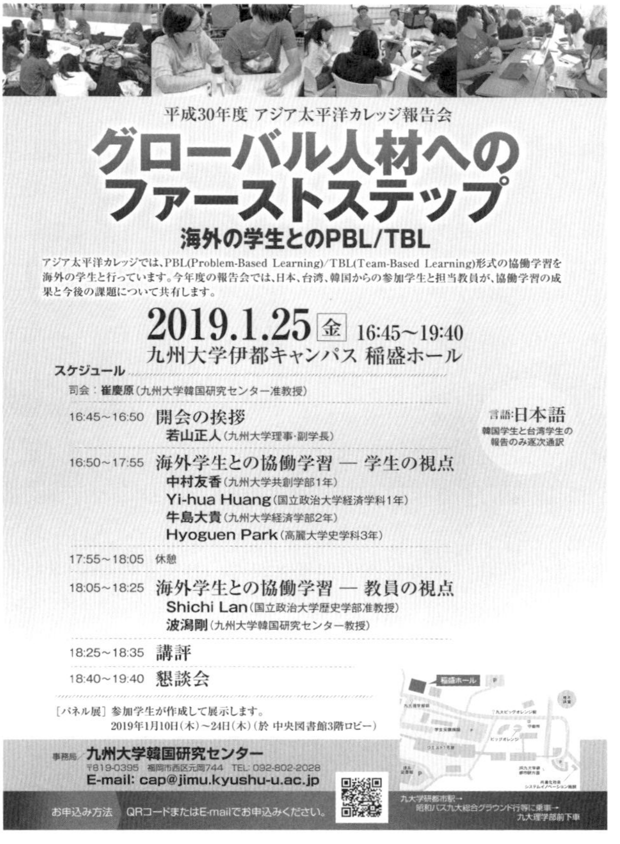


**図 2**　報告会の案内ポスター（2018 年度）

外の学生との協動学習を通して長期留学に行きたい思いが強くなったと報告した学生もいた。CAP で協働学習した課題をその後の自分の研究テーマにしたり，ゼミを選択する基準にしたと報告した学生もいた。ここに 2018 年度と 2017 年度の学生たちの報告の一部を載せておく。

2018年度報告会
経験から自分の見方をつくる

九州大学共創学部１年の中村友香です。共創学部は今年から新しく設立された学部で，複雑な問題が絡み合う課題へ多角的にアプローチすることを目指しています。今回私は「少子高齢化時代における移民受け入れ」というまさに複雑な社会課題について，事前学習での日本人同士のディスカッションを通して考えたことを土台に，プログラムでは台湾の学生とのディスカッションを行い，更に台湾でのフィールドワークを通して発展させていく過程を経験しました。この過程のなかで私が最初持っていた移民受け入れに対する感情や考えは何度も修正され，深められていきました。今回私はその学びの過程を通して自分の見方を身につけるようになったことについて発表したいと思います。

まず，事前学習で「いまも日本で働きたいですか？」というやや挑発的な質問を投げかけている記事を読み，日本人同士で意見交換することから始めました。台湾が移民のおかげで多文化社会への移行に成功したという記述がある一方で，日本は現状の受け入れ体制では優秀な労働者を確保できず，国際的な人材確保競争に負けてしまうと述べられていたのが印象的でした。「技能実習制度」「高度人材ポイント制」「移民受け入れ大国」「人材確保競争」というような単語から，日本が今考えるべきなのは，外国人労働者を受け入れるかどうかではなく，日本には多くの外国人労働者がいるという前提のもとで，彼らとどう関わっていくかであるということがわかりました。私自身は，外国人労働者について漠然としたイメージしか持っていなくて，外国人がコンビニエンスストアで働く姿はよく目にしていたのに，彼らの存在を無意識に無視していたことを，その時気づかされました。このような問題意識をもって，どのように学習していくかについてグループで目標を立てました。そして，次の時間からは，選定された文献を読んで，議論を重ね，台湾の学生とディスカッションする論点をいくつか設定しました。

いざ台湾の学生とグループを組んで，同じ記事を読み，ディスカッションをしてみると，私たち日本人学生と台湾の学生の間に大きな差を感じました。それは大きく分けて英語能力，プレゼンテーションのノウハウ，意見の具体性です。英語能力やプレゼンテーションのノウハウはもともと予想できていたもので，やはり経験の差が大きいと感じました。しかしその差は自分たちのこれからの努力や経験を積むことで埋めることができると思います。最も大きかった差は，意見の具体性です。台湾の学生は，台湾社会において移民たちがおかれている状況，彼らが台湾社会に与えている影響などについて，より説得力のある具体的な意見や情報を持っていました。例えば，外国人労働者が直面する問題の一つとして台湾の学生が挙げたものに，イスラム教の信仰者なのにもかかわらず，豚肉を食べることを強制されるというような宗教への配慮の無さがありました。信仰者にとって，宗教は生活に密接に関わっており，その規則を破るというのはとても大きな影響があると思います。宗教に疎い日本人だからこそ，その点には十分に注意が必要であるはずなのに，宗教に関して，私はまるで考えることができていませんでした。福岡では，このように台湾の学生が持っている視点に刺激を受けながら，台湾と日本社会が抱えている問題点を比較し，その解決策を見出したプレゼンを行いました。

次は，台湾での活動についてですが，その中で最も印象的だったのが，台北駅で行ったインドネシア人労働者の方々へのインタビューでした。日曜日に多くの外国人労働者が駅のど真ん中に集まって自分の言語で楽しくしゃべっていたのですが，台湾の人々は，それを気にしませんでした。日本では見ることのできない光景でした。私たちはそこでインドネシアから来た外国人労働者の方々に話しかけて，生の声を聞きました。インタビューした際，ほとんどの方が中国語を日常生活レベルでは話すことができていました。しかしそれは誰かに習ったというわけではなく，台湾で生活しながら，独学で身に着けたものだと聞きました。生活するために必死で言語を覚えようとする彼らの意欲や能力は私たちが思っているよりもはるかに高いものだと感じました。こういった台湾でのフィールドワークをもとに，福岡でしたプレゼンを発展させる形で，グループのメンバーと議論を重ね，もう一度プレゼンをしました。福岡

でのプレゼンでは，言語の壁を大きな問題として捉え，まず教育制度を整えるべきだと主張しました。

しかし，台北駅で外国人労働者と話し合った内容をもとに，今度は，言語能力が十分でない人々にも門戸を開くことは可能だということや，仲介業者に支払うお金の負担が大きいことから，その軽減のために対策が必要であること等を発表しました。フィールドワークと議論を重ねた末，出した結論は，最初の問題意識とはずいぶん異なるものになっていました。この学びのプロセスから，私はこの外国人労働者受け入れ問題について，自分なりの見方を持つようになりました。それを実感できたのは，台湾から帰ってからです。帰国してからしばらく経つと，秋から日本では外国人労働者の受け入れについて活発な議論が行われました。私は夏のディスカッションを思い起こしながら，受け入れの拡大を進める立場と，その必要性を認めつつもまずは受け入れ体制の完備を訴える立場の意見に注目しました。いつの間にかその政策論争に対して，ちゃんと自分の意見をもって考えている自分に気付くことができました。確実に，今回のプログラムでの経験が，社会問題とそれに対する取り組み方に対する見方を変えてくれたと思います。と同時に，国会での論争をみながら，夏の私たちの議論では捉えきれなかった，外国人労働者の処遇やその子供たちへの支援のような課題にも続けて関心を持って取り組んでいきたいと思いました。

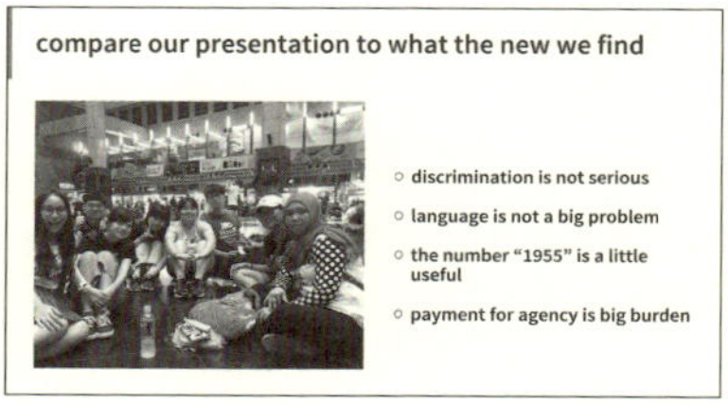

compare our presentation to what the new we find
discrimination is not serious
language is not a big problem
the number “1955” is a little useful
payment for agency is big burden


私はこれから，人の国際的移動について勉強していきたいです。特に観光の面から日本と海外のつながりを考えていきたいと思っています。私がこのプログラムで，ある事象について問題意識を持って自分で調べ，フィールドワークを通して独自のデータを作り，台湾の学生とそれを共有する中で学んでいく，という学びのプロセスを経験できたことを，この観光という分野を勉強していく中で，活かしていきたいと思います。もうひとつ，台湾の学生と協働学習をしながら，長期留学に行きたいという思いが強まりました。そこで今，観光産業で発展しているマカオ大学に長期留学する計画を立てています。ただ海外に行けばいいというものではなく，海外で何を，どのように学んでいくかが大切なのだということを今回強く感じたので，長期留学が実現した際にはこのこと

を忘れないように学んでいきたいです。

本日この会場には，台湾から Yi-hua Huang（エミリー）さんが参加していますが，私がこんなに外国人の学生と仲良くなれたのは，このプログラムが初めてです。真面目な顔で台湾の子に無意識に日本語で話しかけて，えっという顔をされるという場面があったし，その逆もありました。お互いに近く，親しい存在だと感じることができていたのだと思います。ディスカッションを通して深く話し合えたのは，その話題に深く関わるフィールドワークをともにしながら，経験を共有したからだと思います。これは，ただ出会って話し合うという普通の交流のかたちでは実現しません。私は彼らともっと話したいから英語，第二言語の中国語を頑張ろうと思うし，彼らと張り合えるように勉強して，知識をつけようと思っています。このプログラムでの出会い，ディスカッション，フィールドワークなどの全てが，私のモチベーションの源にもなっています。これで発表を終わりにしたいと思います。ありがとうございました。

（九州大学共創学部1年　中村 友香）

2018年度報告会

ファーストステップとしての協働学習

昨年度 CAP in Busan-Fukuoka に参加し，今年度は CAP in Hawaii に参加しました。以前から海外への興味や憧れのようなものを持ってはいましたが，アジカレ（CAP）のように海外の学生と協働学習を行うプログラムに参加するのは初めての経験でした。その経験を土台に，私は今，次のステップへ進もうとしています。この時間は，アジカレの経験を通して得たものを「ファーストステップとしての協働学習」というタイトルで発表したいと思います。

アジカレの一番の特徴は，グローバル課題について，テーマの設定から，プレゼンテーションするまでの一連の流れを，言語やバックグラウンドの違う海外の学生と協働で取り組めることです。これは，単なる語学研修や交流プログラムとは全く異なるものです。実際，参加者の中には，「語学研修では物足りない気がして，アジカレに参加した」という学生もいます。

しかし，海外の学生と協働で取り組み，プレゼンテーションを作り上げていく過程では，自分の力が足りず，悔しい思いをすることがあります。昨年一緒に参加した学生の一人は，「九大生だから周りから認められていたけれども，それは海外では通用しないことを痛感した」と言っていました。一方で，自分の意図がうまく伝わり，議論が進展したときには喜びがあります。ここに集まっている参加者の皆が共感している部分だと思いますが，そのような悔しさや喜びは，海外の学生との協働学習であるからこそ得られたものだと思います。

私は，1 年の夏に参加した CAP in Busan-Fukuoka で，韓国の学生と議論した内容を約 100 名の前で，英語でプレゼンテーションする経験をいただきました。私にとっては初めての物凄く大きな体験で，これまでの学習への姿勢を変える転機となりました。しかし，その準備過程は私にとってハードルの高いものでした。まさに悔しさと喜びが入り混じった体験でした。韓国の学生が英語で話すのを聞き取って理解することは出来るものの，いざ自分の意見を求められると英語でうまく伝えることが出来ず，とても悔しかったことを覚えています。しかし，夜遅くまで英語でやり取りしながら，最終プレゼンテーションまで漕ぎ着けたことで，自信につながりました。

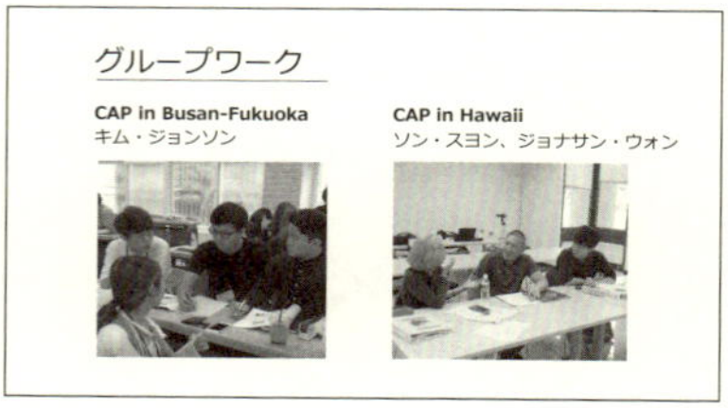


ここで実際に皆さんにその時のプレゼンテーションの映像を見ていただきたいと思います。今こうして改めて見てみると懐かしいような恥ずかしいような，複雑な気持ちです。今は一年目のあの時よりも成長していると自信をもって言うことが出来ます。

今このように感じることが出来るのは，互いに教え合いながら協働学習した海外の仲間と出会ったからです。特に私に刺激を与えてくれたのは，はじめて英語でプレゼンテーションする私を助けてくれたキム・ジョンソンという釜山大学の学生です。彼は英語だけでなく，プレゼンの経験が豊富にあり慣れていました。戸惑う私にいろいろ助言をしてくれて，学ぶものが多かったのです。

2 人で 100 名の前でプレゼンをしたのはとても良い思い出になっています。ハワイでは，ハワイ州立大学のジョナサン・ウォンと高麗大学のソン・スヨンと出会いました。2 人は議論の要点をまとめたり，私の英語を根気よく理解しようとしたりと努めてくれました。2 人とも抜群にプレゼンテーションが上手く，最初は自分との能力の差に嘆くだけでした。しかし，何か彼らから吸収できることはないか，何か真似できることはないかと考えていると，彼らが持っている一つの共通点を見つけました。それは，彼らはみな自分の能力を過信することはなかったのですが，確実に自信を持っているということでした。それは間違いなく日頃の積み重ねで得られたものだと思います。常に自分を鍛えていることが分かりました。それがあのような協働学習の場で発揮されたのだと思います。ここから言えることは，経験に裏付けされた自信は強みである，ということです。実際，スヨンは，ハワイから帰国した翌日に交換留学生としてフランスへ出発しました。彼らと協働学習する中で，焦燥感に駆られる場面も多々ありましたが，モチベーションアップにつながりました。

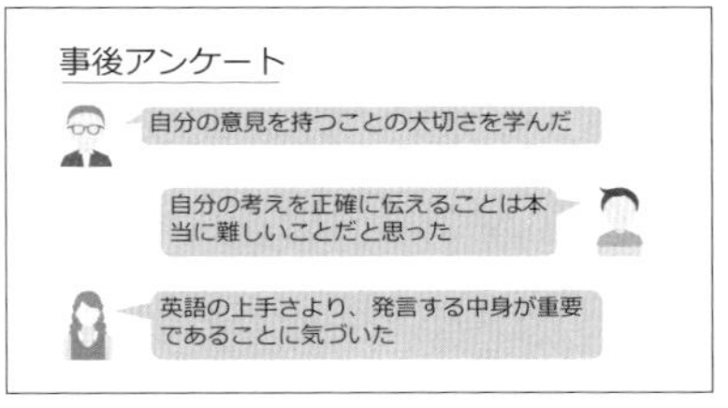


プログラムの修了後に実施された事後アンケートで，協働学習について聞かれた部分がありました。「自分の意見を持つことの大切さを学んだ」，「自分の考えを正確に伝えることは本当に難しいことだと思った」，「英語の上手さより，発言する中身が重要であることに気づいた」という答えがありました。これらを一つの言葉で表すと，「発信力の重要性」ではないかと思います。受身の姿勢で講義を聞いて学ぶ時には，感じることができなかった部分です。ただ相手の話にうなずくのではなく，自分の頭で考え，疑問を持ち，質問しながら，教え合う協働学習であるからこそ，自らの意見を伝えることが重要であると気づくことが出来たと思います。これらは日本人同士での議論においても重要ですが，特に海外の学生との協働学習であるからこそ，心がけなければならないことでした。ここからは，私が実際に CAP in Hawaii の協働学習で経験したことについてお話します。

私は，CAP in Hawaii でセキュリティーに関してプレゼンをするグループに入り，自然災害への対応について議論を重ねました。ディスカッションを進めるためには，日本，韓国，ハワイの状況をまず共有する必要がありました。

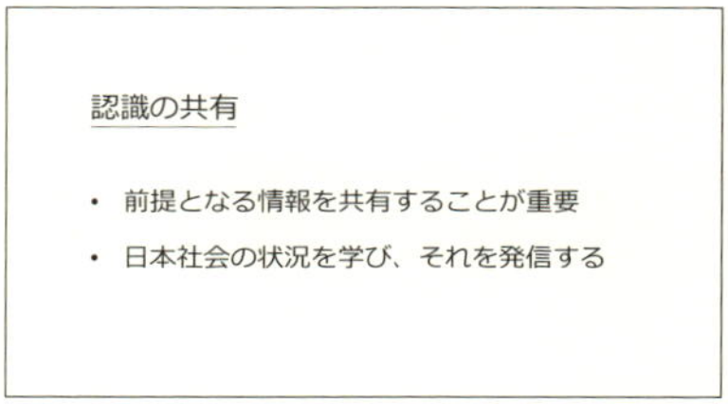
認識の共有
• 前提となる情報を共有することが重要
• 日本社会の状況を学び、それを発信する

日本人同士で自然災害について議論する場合，互いにそれまでに積み重ねてきた日本の自然災害への知識をある程度持っているため，本題の議論にスムーズに移行することが出来ます。しかし相手が外国人である場合そうはいきません。前提となる様々な情報を共有することが出来て初めて，議論に進むことが出来ます。実際，グループメンバーのスヨンとジョンは，韓国とハワイの状況に話題が移ると，最初に議論に必要な情報を共有してくれました。日本における自然災害の現状や対策をグループメンバーの間で共有できるように，日本人である私が伝えなければなりませんでした。協働学習の相手が言語やバックグラウンドの違う外国人であるからこそ，もっと日本社会の状況について事前に勉強し，それを発信することが求められることに，その時深く気づかされました。

しかし，事前学習できちんと論点を摑んでから，参加したつもりでしたが，いざハワイで議論に参加してみると，準備不足を痛感しました。事前学習で，もっと各論に入り，事例を選んで日本社会の対応と課題まで深く掘り下げるべきだったと思いました。それをしていなかったため，日本社会の取り組みについて紹介するときに，戸惑ってしまいました。国際協力の枠組みが必要であるという最終プレゼンテーションまでなんとか漕ぎ着けましたが，不完全燃焼に終わってしまったような感じがしました。

アカデミックな場でも改めて意見を発信したい
経済学の観点からアプローチしたい
CAP in Busan-Fukuoka
CAP in Hawaii
ファーストステップ

今回のこの報告の準備のためにプログラムを振り返りながら，何をするために海外に出ていくのか，どのような準備が必要なのかについて，もう一度考える機会をいただきました。いろんなことを学んで吸収することはもちろんですが，自分が持っているものをどのように発信していくかをより重視しないといけないと感じました。

私は現在，福岡県が実施しているミャンマーでの国際協力プログラムに関心を持っています。韓国とハワイの学生と一緒に自然災害のリスクについて議論したので，今度は東南アジア地域へ視野を広げていきたいと考えています。そこでこの自然災害への対応について新しい視点を得ることができると思いますし，日本の経験から発信できることがあると期待しています。特に専門である経済学を活かし，開発経済学の観点からこの問題にアプローチできないかと考えるようになりました。そのために，ミャンマー経済の専門家である先生のゼミに入ることになりました。

これまで，このアジア太平洋カレッジで，海外の学生と協働学習をしながら，はじめて英語でディスカッションとプレゼンテーションをする経験をし，自分の足りなさに気付かされ，何を補うべきなのかが分かるようになったことを報告しました。この2年間で，私はグローバル人材へのファーストステップを踏み出すことができたと思います。そして，今は次のステップへ進んで行こうとしています。このプログラムで得た自信をバネに，チャレンジしていきたいと思います。プログラムに参加した学生の皆さんも，積極的に次のステップへ進んで行きましょう。

私は，もしあの時このアジア太平洋カレッジに応募していなかったら，今頃どんな大学生活を送っていたのだろうと考えることがあります。きっと今のように学びたいものが見つかり，自信をもって何かにチャレンジできてはいないだろうと思います。アジア太平洋カレッジに参加出来たことを誇らしく思います。

最後に一年目二年目と本当にお世話になりましたチェ先生，岡本さん，アジカレを通して一緒に成長してきた仲間たち，そして私をここまで成長させてくれたアジア太平洋カレッジに関わる全ての方に，心からの感謝の気持ちでいっぱいです。本当にありがとうございます。

これで発表を終わりにしたいと思います。ありがとうございました。

（九州大学経済学部2年　牛島 大貴）

2018年度報告会

'A travel of Caring and Broaden horizons'

こんにちは。私は国立政治大学の黃怡華(Huang Yi-hua)と申します。去年の夏休みにこのプログラムに参加できたこと，そして，こうして再び九州大学を訪問し，皆さんに自分の体験を報告できることを本当にうれしく思います。

私が最初，このプログラムに興味を持ったのは，勉強のためというよりは，日本に行って日本人の大学生と交流したいと思ったからです。しかし，期待していた以上の収穫が得られました。参加した学生たちみんなが，事前学習で学んだことを活かしながら，プログラムでの協働学習に取り組んだことに私は強い感銘を受けました。考えてみると，授業以外の時間にこのように頭を使って考察を繰り返す作業はこれが初めてでした。遊び気分ではとてもじゃないけど，うまくやっていくことができませんでした。

今回のプログラムで扱ったテーマは，文化ツーリズムと外国人労働者受け入れ問題という2つでした。まずは文化ツーリズムの部分から話したいと思います。私たちは九州では門司港，日清講和記念館，博多旧市街，太宰府，柳川，福岡タワーなどに，台湾では大稲埕(Da Dao Cheng)，龍山寺，西門町，九份，平渓，台北101などにフィールドワークで行きました。たくさんのところに行って心ゆくまで楽しんだと同時に，日本と台湾の観光地の間に何か共通点，もしくは参考になるものがないだろうかと考えました。

ディスカッション時間に提示された課題は2つありました。福岡市と台北市で歴史的遺産が観光産業にどのように活かされているのかを調べ，歴史的遺産の保存と観光開発のバランスをどのように取ればよいのか，歴史的背景が活かしきれていないところはどのように改善すればよいのかについて考えることでした。そこで私のグループは，太宰府と門司港を参考にして，台湾の龍山寺と比較したディスカッションとプレゼンテーションを行いました。太宰府の優れた点として，歴史的遺産と観光産業との融合のほか，よく整備された商店街，綺麗な周辺環境，周辺の歴史的遺産を活かしたプロモーションなどが挙げられました。門司港も同じくその歴史を最大限に生かしていました。台湾との関係からいえば，お土産のバナナについてですが，台湾バナナを輸入する港だったという歴史的な話が門司港の随所に見られました。龍山寺は，深い歴史，豊かな文化と便利な交通とが相まって，太宰府のような優れた観光地にな

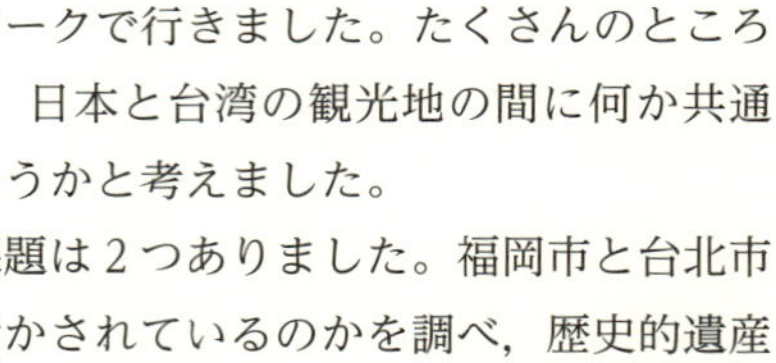

る可能性が充分にあると思いました。しかし，龍山寺の周りは最も古くから開発された剝皮寮歴史街区(Bopiliao Historical Block)があるにもかかわらず，そのような歴史は活かされていませんでした。外国人観光客は龍山寺の歴史的な背景はもちろん，参拝方法さえわからず，意味も分からないまま地元の人に倣って参拝したりしているだけ，というのが現状です。

そこで私達は，外国人観光客向けの英語のパンフレットを提供するとともに，龍山寺の周りにある文化遺産も合わせて地元政府が整備する案をまとめました。歴史的遺産をただ保存するだけに留まらず，その歴史的背景を活かした観光産業をどのように育てていけばよいのかについて考える有意義な時間となりました。また，プレゼンテーションの準備においても，勉強させてもらいました。ほかの授業でのプレゼンテーションとは違って，丹念にフィールド調査をし，グループディスカッションではみんなそれぞれのアイデアを出し合い，出された意見を絞り，プレゼンまで持っていけたことは，今後の学習にとっても，非常に役立つ経験になりました。台湾でのフィールドワークでは，日本の学生たちに台湾文化と観光地を紹介する時，できるだけ正確な情報を提供したいと考えました。たくさんの資料を探す過程において，私たち自身も自分の国の文化をより深く理解することができました。

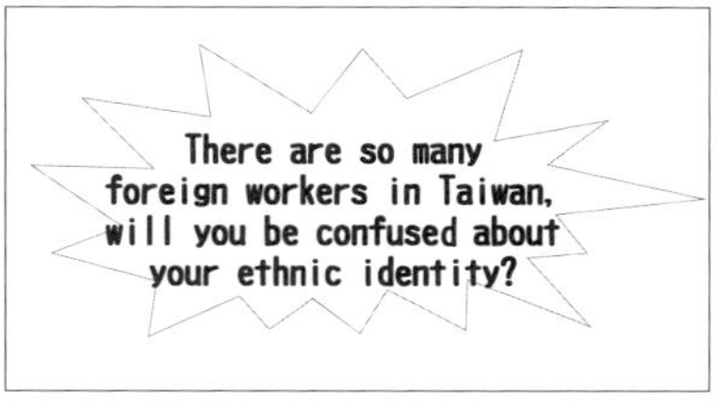

There are so many
foreign workers in Taiwan,
will you be confused about
your ethnic identity?


次は外国人労働者受け入れ問題についてですが，これは大変時間をかけて考えたテーマでもあります。台湾人にとって，移民労働者は既に見慣れた存在になっていると言えます。しかし彼らの事情，彼らの声を私たちは本当に聞いて理解しているのでしょうか。オープンで多様性に富んでいるように見える台湾社会の裏側に，差別や不公平が実は存在しているのではないでしょうか。台湾政府が外国からの移民労働者の入国を許可するようになってから，私の故郷桃園を見ても，毎日駅が移民労働者でいっぱいで，また通りにも移民労働者の開いた店がだいぶ増えてきたことがわかります。しかし，今まで私は，外国人労働者たちについては，老人の介護や子供の世話をしたり，工場で働いて，休日に台北駅に集まり，同じ国の人同士で休日を楽しむ人たち，という程度の浅い認識しか持っていませんでした。

今回，移民労働者の賃金問題，仕事及び生活環境，彼らの社会観や，日本と台湾の外来文化に対する態度などについて，ディスカッションするなかで，特に日本の学生たちが私たちに投げかけてきた疑問が興味深かったです。「これほど移民労働者がいるけれども，あなたたちのナショナルアイデンティティに何か影響を及ぼしていますか」という質問です。台湾は日本のような国家意識の強い，単一民族国家ではありませんから，この問題は，台湾人とは何か，台湾の特徴とは何かなど，私が時々思い悩んでいるものとほぼ同じです。ですが，台湾のナショナルアイデンティティは歴史上の問題で，決して外国人労働者が原因ではないと思いました。このような日本の学生の質問に答えていくうちに，この課題に対する自分の認識が深まりました。また挙げられた課題の解決方法について考えるなかで，外国人労働者を守る法律や政策がまだ不十分であることがわかりました。

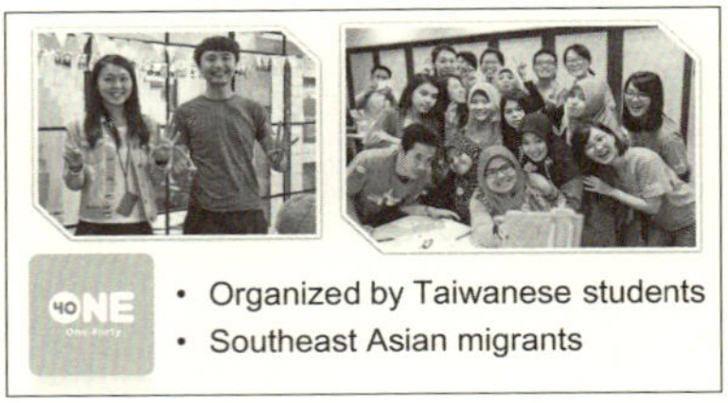

ONE
• Organized by Taiwanese students
• Southeast Asian migrants


他方で，外国人労働者の暮らしをサポートしている組織も多くありました。例えばOne-Fortyという団体がまさにそれです。今回のプログラム中に，外国人労働者問題に関心を持つ学生ボランティアたちが創設したこの団体を見学した時，彼らの活動から外国人労働者に何が必要なのかを知ることができました。それから新移民会館という，同じく移民してきた人々の生活をサポートする行政機関にも見学に行きました。また台北駅に行って，そこに集まる外国人労働者たちともコミュニケーションを取りました。

ある親切なインドネシアからの女性が色々と面白い体験を話してくれました。他の国での仕事は台湾とどう違うのかについても教えてくれました。偶然にもその日はその女性の誕生日で，せっかくだからと思い，みんなでケーキを買って一緒にお祝いしました。彼女が知っている限りのことを全部教えてくれたおかげで，彼女たちが置かれている状況を生の声を通して知ることができました。外国人労働者を守る法律に不備があるものの，台湾人は，外国人労働者に対して，善意と寛容の精神を持って接していることも分かりました。

このプログラムのおかげで，学習の面でもコミュニケーションの面でも，たくさん学ぶことができました。人前で喋ることさえ恥ずかしく思い，ましてや英語でスピーチするなど怖くてたまらないはずだった私は，今回の経験で改めて思いました。それは，英語が下手だとか，コミュニケーション能力が低いとか，ステージに出ることが怖いとか，そのようなことを恐れずに，とにかくやってみることが大事であるということです。

これから学業においても職場においても，きっと自分よりすごい人と出会うはずですが，何もできないと思って後ろに隠れているだけではだめです。勇気を持って立ちあがり，常に勉強を怠らず，また自分の意見をみんなにしっかりと伝えることが，自分をより高めるのに必要不可欠だと私は思います。ご清聴ありがとうございました。

（国立政治大学経済学部1年　黃 怡華）

2018年度報告会
協働学習を通じて学んだ日本

みなさん，こんにちは。はじめまして。高麗大学に在学しております，パク・ヒョグンと申します。私は，去年の2月に福岡とソウルで開催されたCAP in Seoul-Fukuokaと，ハワイで開催されたCAP in Hawaiiに参加いたしました。協働学習を通じて日本理解を深める経験ができたのはCAPプログラムが初めてだったので，今日はその経験から感じたことを中心に発表したいと思います。

私がCAPに参加した理由は，日本の学生たちと一緒に長い時間を共にしながら，直接コミュニケーションをし，互いに学ぶという協働学習ができると思ったからです。私は今まで外国に出て旅先を見て回ったことはありましたが，その国の人たちと長い時間を共に過ごしながら直接コミュニケーションした経験はありませんでした。

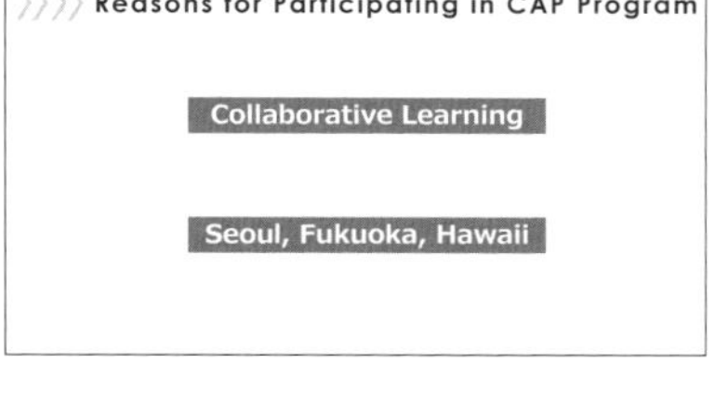


CAPは，日本人の友達またはハワイの友達と一緒に共通課題について議論と発表をしたり，お互いの文化を体

験したりする日程となっていました。他の短期海外プログラムとは異なり，お互いの考えを共有し，調整していきながら，一つのプレゼンテーションを完成していかなければなりませんでしたので，外国の学生ならではの独特な考え方や文化に接し，深く理解することができました。公式プログラムでの議論だけではなく，日本人の友達と同じ部屋で寝泊まりしながら長い時間を一緒に過ごせたのも，様々な生活様式と文化を知るいい機会となりました。

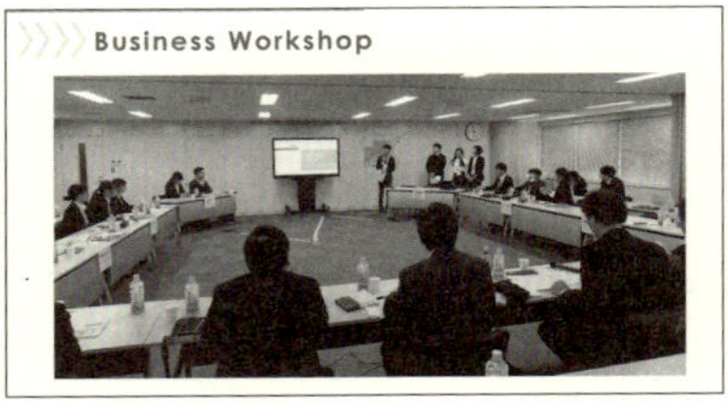


このCAPで最も印象深かったのは，福岡で行われたビジネスワークショップです。私は住友商事九州を訪れ，ベトナムに韓国アパレルのアウトレット，KLANDを立ち上げるビジネス・プランを発表しました。発表の2ヶ月前に会社から「東アジアをつなぐ新しいビジネス・プランを構想せよ」というテーマを予め与えられており，チーム・メンバーと一緒に練り上げた内容でした。発表を準備していきながら，経営に関する知識を得ることもできましたし，また，ベトナム現地法人で勤務した経験のある会社の役員の方から直接フィードバックをもらうこともできましたので，事業を具体化するとき考えなければならないことは何かについていろいろ学ぶことができました。

私の夢はグローバル企業で働くことです。そのため，普段から外資系企業については高い関心を持っていました。特に日本企業は韓国企業との国際的交流が多いので，より関心を寄せていましたが，このプログラムを通じて日本企業の文化を経験し，実用的なアドバイスをもらうことができましたので，グローバル企業で働きたい私にはとてもいいモチベーションになりました。

CAPに参加して感じたことの一つは，日本の学生たちと韓国の学生たちとの違いです。最も大きな違いだと感じたのは，団体活動をするとき，韓国の学生たちは個人主義的傾向が強いのに対して，日本の学生たちは集団主義的傾向が強いということです。例えば，日本の学生たちはグループ発表を準備する時，最初から最後まで，発表のすべての内容を，みんながアイディアを出し合って一緒に考えながら発表を構想していくのが印象的でした。韓国の学生の場合，テーマについてだけ一緒に話し合い，その後は主に各自役割を決めて自分が発表する内容だけを担当し，分担した部分だけを調査して，その結果を合わせます。発表する時も発表だけを担当する学生を決めてプレゼンテーションをします。

このような違いのため，日韓チームでの議論と発表は，発表準備をどのように進めていくかを決めることから始めなければなりませんでした。時間が多くかかる日本のやり方に対して，韓国のやり方は効率的ではありますが，発表者がすべての内容を熟知できていない場合もあり，質疑応答にきちんと答えられない場合もありました。協働学習をする時，どのようなやり方で進めた方がいいか，いろいろ考えるところが多いと思いました。

ハワイで行われたAcademic Presentation Classでは，より深い議論ができました。私が所属したグループは「Nationalism」という，多少敏感なテーマについて一緒に議論しながら発表を準備しました。「America First」や「中国の夢」のように自国優先主義を掲げる状況の中で，どのようにすれば人類の普遍的価値を市民教育で具現化できるか，そのために克服しなければならない課題には何があるのかについて一緒に悩みました。今だから言える話ですが，実は，私はこのテーマでプレゼンテーションすることになって，いろいろ心配していました。特に日韓の複雑な歴史的，外交的問題のせいで，チーム・メンバーともめ事が起こったりはしないかと心配していたのです。

実際に一緒に議論をしていきながら，日本の学生たちが「愛国主義(patriotism)」という言葉をネガティブに考えていることに少し驚きました。韓国とアメリカの場合，「愛国主義」と言ったら，国のために正しいことをするというポジティブな意味として用いられる場合が多いからです。また国の歌，National anthemに対する認識にも各国において違いがあることも知りました。議論を重ねながら，国が国民たちにNationalismを強要して行ってきた非道徳的な歴史的事件について互いの意見を交わしました。このような過程を経て，私たちは「国によって強要されたNationalismは正しくない，自分の国家観は自分で決めなければならない権利だ」という結論にたどり着きました。

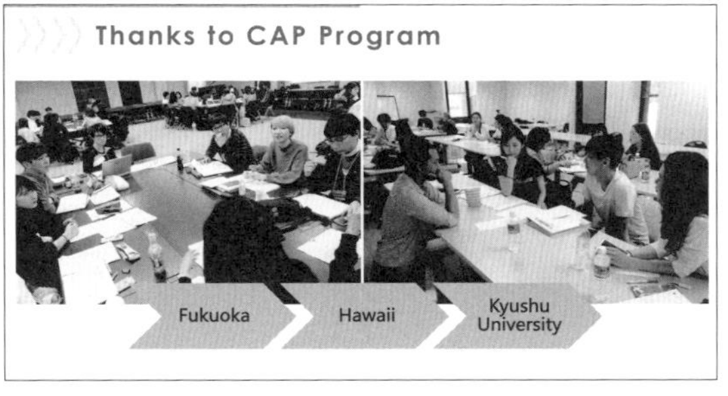


韓国人はよく，日本は近くて遠い国だといいます。旅行や経済的交流という皮相的側面

からは親しく感じられますが，両国の人同士で奥深い話や議論をする機会は少なかったからだと思います。私にとってCAPプログラムでの経験は協働学習を通じて日本をより深く理解することができたチャンスだったと思います。私は今年の4月から九州大学で1年間交換留学生として生活することになりました。去年の1年間，CAPプログラムを通じて日本の学生たちと議論し，一緒に生活しながら感じて学んだ日本をもっと深く理解したく，留学を決心しました。プログラムの最後に，最終プレゼンテーションをしましたが，グローバル社会での普遍的価値を重視する市民教育の中で，ナショナリズムをどのように取り扱えばいいのかについてはもっと考えていかなければなりません。九州大学で日本語と日本の歴史及び文化を学びながら，この課題に対する答えを探してみたいと思います。日本での経験を活かし，将来には社会に出て，日韓の経済的・文化的架け橋になるのが私の目標です。これからも多くの学生たちがCAPを通じて友だちになり，互いの文化をより深く理解し，海外学生たちと共通課題の解決のために悩む協働学習のチャンスを得るようになればと思います。ご清聴，ありがとうございます。

（高麗大学歴史学科2年　Park Hyoguen）

2017年度報告会

はじめてのリーダーシップ―ビジネスワークショップでの協働学習―

私がこのプログラムに参加したいと思った大きな理由は，プログラムの内容にありました。実は私はこのプログラムに参加する前は，韓国に対して特別に興味を持っていたわけではありませんでした。K-popアイドルや，韓国コスメに興味があったわけではなく，ましてや韓国語も履修していませんでした。

しかし，プログラム内容を知り，興味を持つようになりました。一つ目は，西南学院大学だけでなく，韓国の釜山大学をはじめ，韓国の大学生とはもちろん，九州大学の意識の高い仲間たちと一緒に協働学習をすることで，自分にとっていい刺激になるのではないかなと思いました。二つ目は，企業で行うビジネスワークショップです。仕事を知ることができるので，夢を見つけることができるチャンスだと思いました。この場では，ハワイ現地の企業で行ったビジネスワークショップでのプレゼンテーションを準備しながら気付いたことを中心に発表したいと思います。

私はこの3社中で，Lion Coffeeとも呼ばれているHawaii Coffee Companyを選びました。ハワイのコーヒー産業については現場で見て学びたいと思ったからです。会社から提示された事前課題は“Investigate the coffee market situation in your country and propose a marketing strategy. Based on research of consumers' attitude and usage toward packaged coffee prepared at home”でした。日本の人々が家庭用としてどのようなコーヒーを購入しているのかを調査し，マーケティング戦略を提案することでした。

調査には，実際にライオンコーヒーが，市場の実態調査をする際に使用しているアンケートを使わせていただきました。まずグループメンバー5人が集まり，辞書を引きながら，アンケートを日本語に翻訳することからはじめました。知らない用語は調べながら進めました。マーケティング分野は私自身の専攻ではないので，用語からはじめ，市場調査を行うことは，新しい世界に入っていくようでした。

質問項目は，いつ，どこで，だれが，何を，どうして，どのように・どのくらい，などの5W1Hを軸にされていました。例えば，「一日の中でいつコーヒーを飲みますか？」や，「どこでコーヒーを買いますか？」などです。また，ライオンコーヒーについてだけでなく，「他にどんなブランドのコーヒーを購入しますか？」という他メーカーのコーヒーについての質問もありました。これは回答者から人気のあったコーヒーメーカーがなぜ人気なのか分析しその成功例をもとに新しいビジネス案を展開するためだと気づきました。

**アンケート調査の工夫**

・コーヒーの種類について細かく訊ねる質問項目
⇒詳しい説明を加える！
→誤回答されにくくなる

・自由記述回答の質問項目
⇒選択回答に変更！
→回答者が答えやすく的確な答えを導きやすい
→自分たちが集計しやすい

日本人を対象にどのような質問が適切なのか，この質問は何を聞き出したいのか，などをメンバーと共有しながら，作業を進めました。例えば，「ハワイについてのイメージはなんですか」という質問項目です。一見，ライオンコーヒーのマーケティングには関係のないことのように思います。しかしハワイアンコーヒーとして日本に売り出すためには「ハワイと言えばコーヒー，コーヒーと言えばハワイ」のように，印象を結びつけることが大切なのだと感じ，このような質問項目もあるのだと感心しました。日常生活において，このように疑問を持つことで新しいアイデアが生まれるのだと感じました。

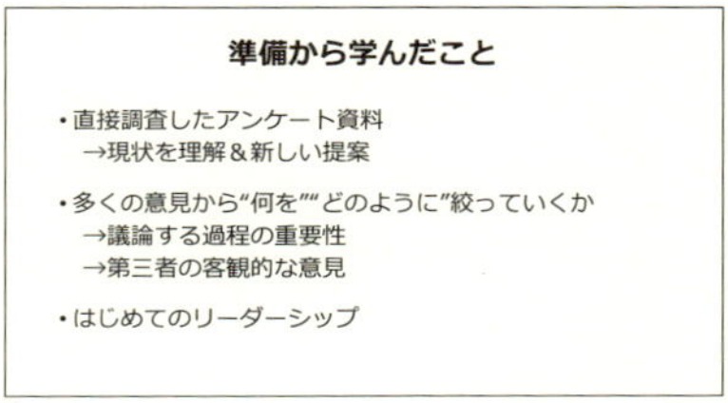

準備から学んだこと
・直接調査したアンケート資料
→現状を理解＆新しい提案
・多くの意見から“何を”“どのように”絞っていくか
→議論する過程の重要性
→第三者の客観的な意見
・はじめてのリーダーシップ


また，私たちが新しい項目を立てることも可能でしたので，幾つかの項目に工夫をして調査に臨みました。具体的に述べると，ドリップコーヒー，パッケージコーヒー，インスタントコーヒーなどコーヒーの種類について細かく訊ねる質問があったため，回答者が区別しやすく，誤回答のないようそれらの説明を詳しく付ける工夫を行いました。また，元のアンケートではほとんどが自由記述回答を求めるものだったため，答えが絞られそうなものに関しては，選択肢を付け足して，回答者が答えやすく的確な答えを導きやすく，そして私たちも集計しやすくしました。

私たちが調査したデータを用いて，まるでコンサルタントになったつもりで，企業への提案を行いました。ライオンコーヒーの日本での知名度を上げるための広告方法と，より多くの人に手に取ってもらうための販売方法について提案しました。

普段何か調査してまとめることになると，インターネットの情報に頼りがちですが，今回は直接調査した資料をもとに，現状を理解し新しい提案を行う経験をしました。この経験を通してメーカーや商社の仕事にも目を向けることができました。特に私たちグループは５人が１グループとなって取組みましたので，調査，分析，提案を全てグループで行いました。一人一人が沢山調査をしたためたくさんの情報やデータを集めることができ，多くの案が挙がりました。しかし，発表の際にそのデータや案すべてを詰め込みすぎて，方向性が定まらず，言いたいことが伝わらないと，事前のプレ発表で先生や他のグループの学生から指摘をしていただきました。そこで私はリーダーシップをとり，本当に主張したいことを選別しました。また，シンプルにまとめるために細かいデータはスライドには取り入れず，手元に残し，質問を受けた際に答える準備をしました。グループで課題に取組む際に，人数が多くなればなるほど多く意見や提案が出るので，まとめることは簡単ではありません。本当の協働作業はそこからスタートすると言っても過言ではないでしょう。しかし，多くの意見の中から何を取りあげるか，どのように絞っていくかを議論する過程の重要性に気づくことができました。昨年度のＲＫＢのプレゼン準備では，なかなか自分から中心として働くことができず，他のメンバーの子に託している部分が多くありました。今年はグループの中でしっかり全員の意見を聞き，まとめリーダーシップをとって調整でき，自分自身も成長できたと思います。

このビジネスワークショップの経験から，私は，ただ自分たちの意見や提案を出すだけでなく，第三者の客観的な意見を取り入れて改善していくことも大切であること，リーダーシップをとり調整していくことが協働作業の中で欠かせないことを学びました。別の機会にもこの経験を活かしたいと思います。

私はCAP in Hawaii に参加する前は明確に将来の夢があったわけではありませんでした。しかし，ハワイ現地企業でのビジネスワークショップで観光会社である Roberts Hawaii にも訪問し，社長と学生の議論に参加し（CAP in Busan-Fukuoka と違って，CAP in Hawaii では全員が三つの企業を訪問できます），CAP in Hawaii 期間中にハワイの住民一人一人に観光客を受け入れる精神，アロハスピリットが染みついているように感じたことで，将来の夢ができました。日本のおもてなしの心を大切にしつつ，ハワイで感じたような，地域と結ばれた観光業界を日本で築き上げ，世界の人と文化を共有し楽しめるよう，私が世界をつなぐ橋になることです。

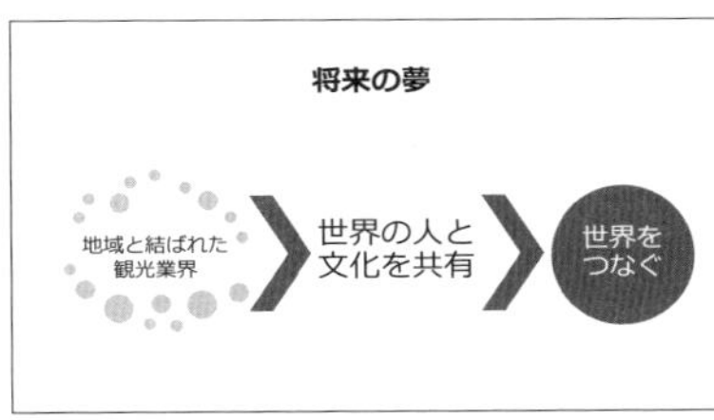


そのための現在の目標もできました。身近なことからお話しすると，次の春休みに日本各地を訪れ，日本の歴史，文化について実際に体験し詳しく実際に学ぶこと，そして来年度，西南学院大学の留学生寮のアドヴァイザーとして留学生と一緒に住み，日本の良さを伝え，また彼らから各国のことを教えてもらい，自分もさらに学ぶことです。Think global, act local という言葉の通り，将来の夢を見据えながら今できることを着実に達成していきたいです。

また，英語が母国語ではないことに甘えず，韓国学生に負けないくらい英語を上達させたい目標を持っています。私と同じく英語が母国語ではない韓国学生の方が，圧倒的に英語力が高いということは身に染みて感じました。正直に言うととても悔しかったですし，意見があるのに英語力の低さのせいで，思ったように伝えられないもどかしさを感じました。そして，韓国学生と一緒に過ごす中で，英語だけでなく，韓国語でも会話をしたいと強く感じました。今年度から韓国語を履修し始め，今は英語と韓国語の語学学習に力を入れているところです。私と同じように感じ日本語を頑張って勉強している韓国人学生と，英語だけでなく，韓国語や日本語で連絡を取り合うこともよくあります。国境を越えた良い勉強仲間になっており刺激を受けながら勉強に励んでいます。

たまたま目にし，参加したこのアジア太平洋カレッジは，当初期待していたよりもはるかに充実したものになり，私を大きく変えてくれました。それはこの充実したプログラム内容と，西南学院大学内だけで普通に過ごしていたら出会うことのない多くの素敵な仲間のお陰でもあります。九州大学をはじめ，韓国のプサン大学，ソウル大学の学生，先生方との出会いがあり，たくさん刺激を受けました。この出会いに感謝しています。これからの大学生活，そしてその先まで，今回学んだことを忘れず，自分ができることを一つ一つ実行し，夢に向けて楽しんで成長していきたいと思います。ありがとうございました。

（西南学院大学文学部外国語学科 2 年　児玉 胡桃）

2017 年度報告会

初心をつかみ直せたハワイ

みなさん，こんにちは。九州大学 21 世紀プログラム 2 年の図師田美久です。今日は今年の 8 月に CAP in Hawaii で行った韓国とハワイの学生との協働学習で学んだことを中心にお話ししたいと思います。

まずはじめに，なぜ私がこのプログラムに参加したかを話したいと思います。先ほど，私は 21 世紀プログラム（2 プロ）の学生だと言いましたが，皆さん 21 世紀プログラムについてどれくら

いご存知ですか。21世紀プログラムの学生はみんな，それぞれの興味分野を持っており，それに沿って様々な授業を自由に選びます。私が2プロ生として大学に入学した時，私の興味分野は移民問題でした。もともと，日本の少子高齢化に伴う労働力不足に関して勉強したいと思っていたので，移民受け入れの観点からこの問題にアプローチできるのではと考えたからです。しかし，移民問題はあまりにも複雑で大きくて，私にとっては難しすぎたため，入学後は移民問題から離れ，興味分野を変えて勉強をしていました。しかし，今年のCAP in Hawaiiの募集要項を見て，ハワイで移民問題について学べると知ったとき，このプログラムに参加してもう一度移民問題に取り組んでみようと思いました。

ハワイでの移民問題の勉強は，ハワイに行く前から始まりました。事前学習として移民問題に関する本を読み，その内容をまとめ，発表し，みんなでディスカッションしながら，理解を深めました。その内容に基づいて，ハワイで韓国の学生やハワイの学生とディスカッションするテーマも選びました。授業後には移民問題に関する新聞記事や論文を探して読み，移民問題に対する自らの立場を固めていきました。元々私は移民問題に興味があったものの，移民受け入れに関しては賛成とまで言い切れないと考えていました。しかし，色々と調べていくうちに，いまの日本では移民を受け入れた際のデメリットばかりが目立っているだけで，実際には移民受け入れは，日本にとっても有効な側面もあるのだと気付きました。この過程でそれまで失っていた移民問題への関心がよみがえって来ました。この事前学習はハワイについてからのディスカッションとプレゼンテーションの準備で非常に役立ちました。

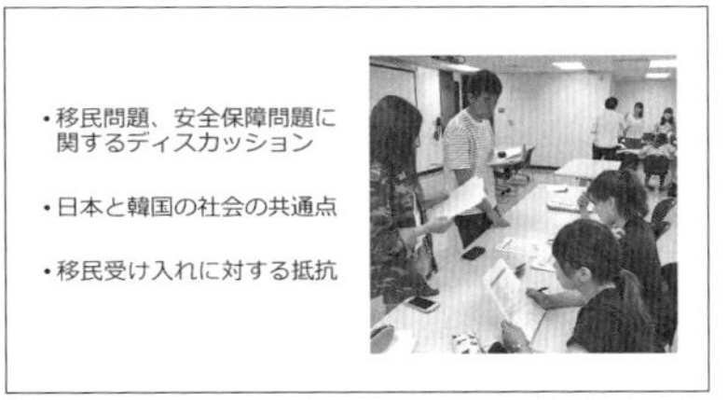

・移民問題、安全保障問題に関するディスカッション
・日本と韓国の社会の共通点
・移民受け入れに対する抵抗


ハワイでは，まず韓国の学生と日本の学生でグループを組んで，移民問題と安全保障問題について議論を重ねました。私のグループはもちろん移民問題について取り組みました。はじめに，グループのなかでお互いの国における移民問題の現状について説明しあいましたが，日本と韓国の移民受け入れの現状が，とても似ていたことに驚きました。日本も韓国も深刻な少子高齢化であるうえ，どちらの国民も多くは移民受け入れに否定的でした。なので，私たちのグループが1つの結論にたどり着くのにそう時間はかかりませんでした。グ

ループによっては，一つの結論に収束するのに苦労したところもあったので，これはとても運が良かったと思います。

同じ課題を抱えていても，それに対する両国の政策には大きな違いがありました。今のところ移民政策を打ち出していない日本に対し，韓国は実際に政策を立てて移民受け入れを進めていること，それに伴って国民の移民に関する関心度が高いことが印象的でした。しかし，そんな韓国ですら移民に対する国民のマインドは否定的で，そこに関しては日本ととても共通していました。そのような現状を踏まえて，まず私たちのグループが至った結論は「日本も韓国も，人々のマインドを変えるところから始めなければならない」というものでした。

しかし，この案を持ってハワイ大の学生と議論しながら，マインドを変えることがどれだけ大変なことなのかを思い知りました。CAP in Hawaii の期間中に，ハワイの原住民たちが集まって住んでいる村へのフィールドトリップ，移民者女性の社会活動に関する講義，ハワイ大の学生との交流を通して得たリアルな知識は，この移民問題に取組む私たちの姿勢に大きな影響を与えてくれました。特に，大きかったと感じているのがハワイ大の学生との交流です。ハワイではハワイ大の学生が授業やディスカッション，フィールドワークに参加し，チューターとして私たちの議論をサポートしたり，積極的に意見を述べたりしてくれました。彼らはハワイに移り住んだ移民者の家庭で生まれ育った人たちでした。プログラム中に彼らは移民者として自分たちが受けた差別や苦労の経験や思いをたくさん話してくれました。今は他のハワイ大の学生たちとなんら変わりなく生活しているように見える彼らですが，差別はなくなったわけではなく，彼らがそれを受け入れるようになっただけだということが衝撃でした。日本で勉強していただけではなかなか聞けないリアルな声を聞けたことはとても貴重でした。様々な民族が移民として移り住みつくりあげられたハワイですら移民に対してネガティブなマインドは根強くあるのだと知り，人々のマインドを変えていく難しさを痛感しました。

・移民でもあるハワイ大の学生との貴重な意見交換

・ハワイ大学の学生が受けた差別や苦労の経験

**「マインドを変える」ことの難しさ**

また，彼らの多くは度々日本や韓国を訪れた経験がありましたが，みんな口を揃えて「日本も韓国も今のままでは移民受け入れに向いているとは言えない」と話していたのもとても印象的でした。様々な人種の人々が共存しているハワイに比べ日本ではまだまだ外国の方が歩いていることは珍しく，日本にいると好奇の目で見られると言われ，島国であるうえに歴史的にずっと単一民族国家としてやってきたという意識が強い日本の現状を思い知らされた気がしました。

これらの学びを踏まえて，最終プレゼンテーションでは，まず，労働環境や結婚など日本と韓国の移民がおかれている現状と，移民受け入れに関する問題について説明し，私たちがたどり着いた結論を発表しました。これは発表の準備の段階から発表本番までディスカッションと調査に取り組みながら，移民問題は人によって賛成・反対が分かれる問題であり，個人の意見や主観が入りがちなトピックだと感じました。このような複雑課題をアカデミックな議論につなげるために，様々な文献や論文・データを参考にして裏付けを行うことに力を入れました。

移民問題も安全保障も簡単に結論が出せるトピックではなかったので，みんなホテルに帰ってからも集まって議論を重ねました。ホテルの部屋では，Wi-Fi が使えなかったので，ホテルで唯一 Wi-Fi が使えるホテルのプールサイドとロビーで夜な夜な準備をしたのもいい思い出です。

CAP in Hawaii の3週間は私にとって想像以上に有意義なものとなりました。ハワイや韓国の学生との協働作業を通して英語力を鍛えましたし，国境を越えた友情を育めました。特に，アジカレの特徴である海外の学生との「協働学習」を通して得たものは多くあります。プログラム中は，日本・韓国・ハワイの3ヶ国の学生で議論をすることが度々ありましたが，はじめのうちは英語力の差があったこともあり，韓国とハワイの学生に圧倒されなかなか主張ができませんでした。九州大学での課題協学などを通して協働学習にはなれていたはずなのに，自分の意見をしっかり主張する習慣が身についているハワイや韓国の学生の力を見せつけられたようでショックでした。そこからは，このままではいけないと思い，少しずつしっかりと自分の意見を提示できるように努力しました。プログラムが終わる頃には意識せずとも積極的に議論できたと思います。

何よりも入学後避けていた移民問題に再び取り組めたことは，非常に重要な成果です。プログラムが終わったいま，大学の勉強でもう一度移民問題に向き合ってみようと考えています。私たちのグループの結論である「人々のマインドを変えていくこと」はもちろん大切ですが，マインドの転換だけではなく，社会制度の整備やお金の問題，海外から来た子供たちの教育など，移民問題に関する課題はたくさんあります。なんでも好きなことをとことん追求できる21世紀プログラムという環境を活かして，ハワイでの3週間ではアプローチしきれなかった課題に取り組んでいきたいと思います。

こんな貴重な体験をさせてくれたこのプログラムと，一緒にたくさんの思い出を作ってくれた日本・韓国・ハワイのメンバーに感謝の気持ちでいっぱいです。これで私の報告を終わります。ご静聴ありがとうございました。

（九州大学21世紀プログラム2年　図師田 美久）

**写真2**　報告会の様子

# 第7章
# 次のステップへ

CAPは，前身の「日韓海峡圏カレッジ」（2011～2013年度）以降，8年間で，日韓米台の拠点大学が持つ教育リソースを活用した国際体験型共同教育プログラムにまで発展した。これまでの参加学生数は日韓米台の4ヶ国で延べ906名にのぼる（表1）。

CAPに参加した多くの学生は，この体験をバネに，その後は自分自身の専門分野と関わる長期留学や海外短期プログラムに臨んでいる。2011年度から2017年度までに参加した九州大生274名のうち，34名が交換留学などの長期留学に，そして74名が専攻と関連する海外短期プログラムへ行っている（図1）。彼らの渡航先は，米国，イギリス，ドイツ，フランス，オーストリア，ベルギーなどの欧米諸国，あるいはシンガポール，ベトナム，カンボジア，ミャンマー，タイ，マレーシア，ネパールなどの東南アジア諸国，中国，韓国，台湾などの北東アジアの国々と，非常に多様である。韓国やハワイを学びの舞台としたCAPで育まれた海外志向が，彼らを次のステージへと突き動かしたことが分かる。また，CAPをきっかけに九州大学に交換留学にやって来た高麗大学や釜山大学の韓国人学生がいることも言及しておく。

将来，社会の様々な分野で指導的な役割を果たし，広く世界で活躍することを目指す優れた学部学生に対して九州大学が授与する「山川賞」においては，本プログラム参加者から，毎年1，2名の受賞者が出ており，これまでに10名が選ばれている（2012年度1名，2013年度4名，2014年度2名，2015年度1名，2016年度1名，2017年度1名）。その奨学金で，交換留学に挑んだり，海外の大学院への留学を果たしたりしている学生たちもいる。多くの学生が同賞の選考プレゼンテーションにおいて，1，2年次で参加し

**表 1**　参加学生数（2011～2018 年度）

| | 参加大学 | 参加学生数 | | | | | | | |
|---|---|---|---|---|---|---|---|---|---|
| | | 2011年度 | 2012年度 | 2013年度 | 2014年度 | 2015年度 | 2016年度 | 2017年度 | 2018年度 |
| CAP in Busan<br>in Fukuoka | 釜山大学<br>九州大学<br>西南学院大学<br>鹿児島大学 | (韓)10<br>(日)10 | (韓)50<br>(日)50 | (韓)50<br>(日)50 | (韓)50<br>(日)50 | (韓)50<br>(日)45 | (韓)50<br>(日)50 | (韓)50<br>(日)40 | - |
| CAP in Seoul<br>in Fukuoka | ソウル大学<br>高麗大学<br>延世大学<br>九州大学<br>西南学院大学 | - | - | - | (韓)20<br>(日)20 | (韓)20<br>(日)20 | (韓)20<br>(日)19 | (韓)19<br>(日)19 | (韓)15<br>(日)15 |
| CAP in Hawaii | ソウル大学<br>高麗大学<br>延世大学<br>九州大学<br>西南学院大学<br>ハワイ州立大学 | - | - | - | - | (韓)10<br>(日)10<br>(米)4 | (韓)8<br>(日)10<br>(米)4 | (韓)9<br>(日)10<br>(米)5 | (韓)6<br>(日)9<br>(米)5 |
| CAP in Taipei<br>in Fukuoka | 国立政治大学<br>九州大学 | - | - | - | - | - | - | - | (台)12<br>(日)12 |
| 合計 | | 20(10) | 100(50) | 100(50) | 140(43) | 159(44) | 161(51) | 152(49) | 74(35) |

括弧内は九州大学からの参加者
2011-13まではCAPの前身である「日韓海峡圏カレッジ」参加学生数

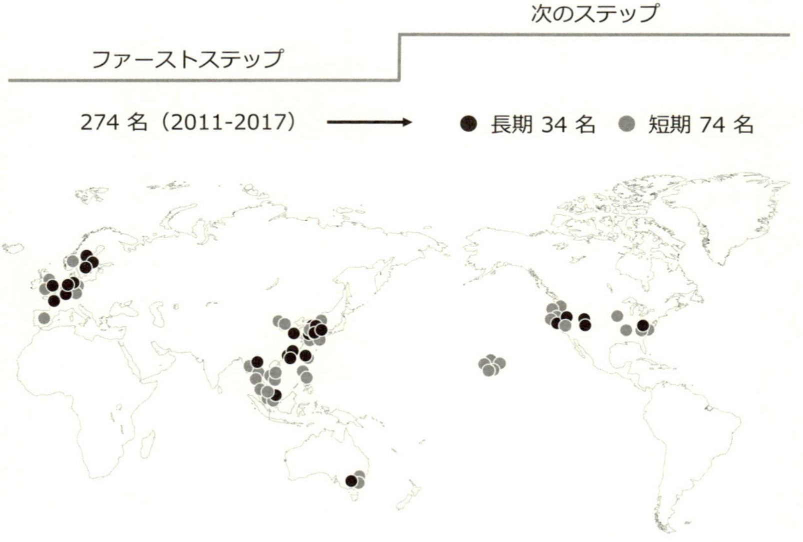


**図 1**　次のステップとしての長期/短期留学

た CAP に言及している。CAP で海外の学生と協働学習する面白さを知り，その後の大学での学習姿勢や進路決定に大きく影響を受けたこと，また，留学を計画するきっかけとなったことなどを語っている。このように，CAP は九州大学内の取り組みとの好循環を生み出し，学生たちの海外留学を後押しする役割を果たすようになっている。

では，海外留学の道に進まなかった学生たちは，どうしているのだろうか。彼らも，日本にとどまりながらも，CAP を通して生まれた興味・関心を，その後の学習や活動に活かしている。例えば，CAP を通して社会が抱えている課題に興味を持つようになり，ボランティア活動を始めた学生もいれば，学内で学生主導の韓国語・中国語ランゲージテーブル（語学学習サークル）を立ち上げて運営している OB, OG や，「九州大学日韓交流」というコミュニティの立ち上げに加わった学生もいる。更には，CAP でディスカッションした課題に引き続き取り組んでいきたいと考え，その課題をより深めていけるゼミを 3 年で選択した学生もいる。CAP での経験をもとに，様々な人と協働して活動するようになったという学生たちからの報告を受ける度に，CAP の企画・運営担当教員として大変嬉しく思うのである。

## 7.1　OB, OG 座談会

去る 2019 年 5 月 16 日，2014 年度から 2018 年度までの CAP に参加した OB, OG の座談会を開催した。学生たちは CAP との出会いを通して成長した点や CAP での経験をもとに次のステップへ進んでいることを楽しく語ってくれた。

日　時：2019年5月16日（木）18：20〜20：00

場　所：九州大学韓国研究センター

参加者：笹木健太（九州大学大学院理学府修士課程1年）
荒岡草馬（九州大学法学部卒）
森田大幹（九州大学農学部4年）　牛島大貴（九州大学経済学部3年）
浜川薫（九州大学経済学部3年）　横瀬未裕（九州大学文学部3年）
Park Hyoguen*（高麗大学史学科3年）
中村友香（九州大学共創学部2年）
平野佑花（九州大学法学部2年）　楠田健太（九州大学経済学部2年）

* 2019年4月から九州大学で交換留学生として勉強している。

参加の決め手は？

牛島：大したことない参加動機からいきます。自分は韓国料理が大好きで，釜山に行けば韓国料理を食べられるから行きたいなあと，本当に軽いノリで参加しました。皆さんはどうでしょう？

荒岡：自分もそんなところですかね。動機としてはそういったもので，僕も韓国ドラマとか，韓国料理が好きだったし，韓国人の友だちもいたんですよ。だから韓国のことをもっと知りたい，政治とか，文化とかをもっと知りたいという気持ちがあったので参加しました。CAPについても韓国語の授業で知りました。

楠田：僕は韓国に興味があったというよりは，隣の国だけど行ったことがなくて行ってみたいと思いました。安かったし，英語力を高めたいという思いでした。交換留学も視野に入れているので，一度海外を経験してみたいという思いもありました。

森田：他の留学プログラムだと外国に行くけど，話すのは日本人になることが多いと思いますが，CAP では 2～3 週間ずっと海外の学生と一緒に生活して，授業を受けるだけでなく，協働で取り組むグループワークがたくさん組まれている。ホテルでも夜まで話すことができるので，友だちが増えました。SNS でつながっていて，プログラムが終わった後，4 回ソウルと福岡で会いました。ただ単に友だちの数が増えただけでなくて，フェイスブック上だけの友だちと違う，濃いつながりができました。

笹木：僕は参加して 4，5 年経っているけど，今も電話がかかってくるくらい強い絆になっている。同じ屋根の下で一緒に語りながらひと晩過ごすということは他になかった。すごい経験だね。

浜川：全然韓国には興味がなかったんです。授業に崔慶原先生が来られて PR 動画を流してくれたんですね。その中にクラスが一緒だったここにいる牛島さんが出て，韓国人とめっちゃ英語でしゃべっているのをみて，1 年生でも英語でディスカッションできるんだと思ったんですね。CAP in Seoul-Fukuoka は安い費用で参加できるし，あんな風になれるなら，すごい格好いいし，素晴らしいなと思って行ってみた，という感じですね。

中村：第 2 外国語で中国語を選択していたこともあって，CAP in Taipei-Fukuoka に参加しました。大学に入るまでは海外に行ったことがなくて，いきなり何週間も行くのは難しいと思ったんですね。でも，CAP なら 1 週間は福岡で私の領域の中で仲良くなれて，次に海外に行けるので，負担が少ないと思いました。

平野：米国やイギリス研修は 50 万円ぐらいかかる上，大人数ですが，CAP は参加費用も安いですし，日本人と海外の学生が少人数だし同数なので，全員と仲良くなれると思って決めました。実際に分け隔てなく仲良くなれてよかったです。

横瀬：3 歳年上の姉が参加したこともあり，大学の夏休みに何かしたいと思って参加しました。

Park：僕の場合，高麗大学で志願をするとき，CAP には日本人学生と対話する時間がたくさん設定されているのを見て，決めました。日本には何回か来たことがありましたが，そのような機会はありませんでしたので。

### CAPの魅力は？

荒岡：法学部のゼミの一貫で東南アジアに行くプログラムに参加しました。CAPと似ているところもありましたが，法律に関する知識がないとついていけないという点では違ってましたね。だから大学に入りたての学生が参加することは難しい。それに対してCAPは，課題設定が一般的なものだったのでどの学部に所属していても参加できるものですよね。ファーストステップにはふさわしいプログラムですね。

Park：それはプログラムで取り上げる課題とも関係があると思います。韓国で私が参加した他のプログラムは，韓国人だけで外国に行って，韓国人同士で，韓国と関わる課題について議論するものが大半でした。しかし，CAP in Seoul-Fukuokaでは韓国と日本の学生が，CAP in Hawaiiでは，ハワイの学生も加わって共通課題について議論して，1つの国家の見方ではなく，いろんな国の見方で1つの課題について議論できました。誰もが関心を持つ課題を互いに教え合いながら，学んでいけることが大きな特徴だと思います。

森田：語学研修に行くと，周り全部日本人で，日本語ばかりしゃべると聞いていましたが，CAPでは同じグループに韓国人やハワイの学生，台湾の学生が入っているので嫌でも英語で話さないといけないじゃないですか。そういう面で外国人とのコミュニケーション能力が高まるのがCAPの強みだと思います。

平野：海外の学生と一緒に生活することができて，朝から夜まで濃い時間を過ごせたと思います。グループで行動するから，食事だけとってみても，この人は何が食べられないから，それに配慮して食事の場所を決めようとか，そういった経験は大きかったと思います。

横瀬：CAP以外に，国際交流事業で3週間オーストリアに行ってきましたが，それと比較してみると，CAPでは海外の学生と協働学習ができることが大きいと思います。協働でフィールドワークし，ディスカッションしながら，同じ状況で互いに高め合うことができます。オーストリアで日本人はお客さんの気分で，どうしても日本から来た青年として受け入れられたんですね。また，CAPでは事前学習も授業時間として開講して長くできるので充分な準備をして海外研修に臨むことができます。一回限りではない部分も魅力的です。私は1年次にCAP in Busan-Fukuokaに参加して，次の2年次にCAP in Hawaiiに参加しました。1年次にできなかったこととか，反省した点があることを次に活かせる機会があるのも非常にいいなと思っています。

中村：CAP では，海外の学生と PBL 形式で東アジア社会の共通課題を学ぶことが出来る点ですね。一般の授業でも留学生と一緒に社会的な問題について留学生と日本人が学び合う授業はありますが，そこでの学習と CAP での学習の大きな違いは，CAP では社会的問題になっている場所を海外の学生と一緒にフィールドワークをして，話を聞いて皆で経験を共有した上で，ディスカッションとプレゼンテーションをするところだと思います。CAP in Taipei-Fukuoka では，移民受け入れと文化ツーリズムについて台湾の学生と PBL で学び合いましたが，これらの課題に対する私の考えは，福岡に続いて台北で協働学習をしながら，大きく変わりました。現地でのフィールドワークを通して，関係者の方に話を聞いたりすることで，私の思い込みは修正され，新しい見方ができるようになりました。これは自分だけでインターネット上で調べたり，資料を読んだりするだけではなかなか気づけない点だと思います。少し情報を与えられただけではありがちな意見しか出てこないと思うんですけど，実際の経験があるからいろんな見方が出てくるところが一番違うところだと思います。

楠田：協働学習については，PBL 形式で外国人労働者受け入れ問題について学びました。生まれて始めて，ソウルと福岡で英語でプレゼンをして，英語で答えることができて，普通の授業ではできないことだし，すごく難しかったですが，やってよかったと思います。最終プレゼンのためのディスカッションの時間に，外国人労働者の労働環境問題を解決するためにはどうすればよいかを話し合ったのですが，これはなかなか答えが出ませんでした。責任の所在は不完全なシステムを作った政府にあるとする人や，過剰に流入する外国人労働者を前に政府はなすすべがなく仕方がないと考える人など，さまざまな意見がありました。でも，その中でみんなの考えを共有し，課題が持つさまざまな側面について理解が深まったことはとても意味のある学習だと思いますし，こういった答えのない問題に対して自分なりの意見を持っておくことがとても大切なんだと感じました。

横瀬：日頃問題意識を持っている課題について，海外の学生と PBL で学び合うことが出来るのが魅力だと思います。私は CAP in Hawaii で愛国心をトピックにしました。もともと学期中の授業で取り上げられたものでしたが，グローバル化が進む中，自国を愛するというのはどういうことなのか，海外の学生はこの問題をどのように見ているのかに興味がわいてトピックとして選びました。想像以上にさまざまな事情が複雑に関係していることを実感しました。さまざまな見方に接しながら，愛国心は決して「自国」の「現在」の問題ではないことを学びました。

笹木：中村さんが話してくれた一緒にフィールドワークして経験を共有する，ということを考えてみると，僕は北朝鮮が間近に見える江華島に行ったことが印象に残っています。その後，安全保障についてディスカッションしたので，議論が深まる経験をしましたね。

楠田：海外研修だけでなく，事前研修をしっかり行ってディスカッション準備をしてから参加して，終了後には事後研修としてフォローアップもしっかり行われていることが他のプログラムよりは優れている点だと思いました。

浜川：CAP は期間中に一緒に生活できるところが良いですね。だから多くの人と仲良くなったと思います。僕は中国のプログラムにも参加したんですが，中国人は寮に泊まらなかったので，一人二人はあっても，CAP のように何十人とまとめて友だちになるのは，他のプログラムとか留学とかでは少ないのではないかと思いますね。研修先の文化を知り，国を知る上では CAP の試みは非常に大きいと思います。

牛島：以前，ある語学プログラムに参加したことがありますが，放課後には日本人とつるみがちなので CAP でのような深い関係を築けないですね。CAP は一緒に寝泊まりできるのが大きいのかなと思いました。

森田：あるグループでは，日本語で語りかけてくる韓国の学生がいたので，英語をしゃべれなかったという人もいましたが，それは CAP だから起きていることだと思いますね。他のプログラムでは長い時間一緒にいるわけではないので，先方の学生が日本語をしゃべれることも知らないで終わってしまう場合が多いですね。彼らが日本語を一生懸命に学んでいることを知って，自分も英語だけでなく韓国語も学びたいと思いましたし，プログラム中の悔しさをバネに次に努力していく部分もあると思います。この点は CAP がファーストステップとして機能している部分だと思います。

Park：海外でビジネスワークショップがあることも大きな違いです。日本や韓国，ハワイの企業の文化をよく比較できる機会でした。

牛島：1 年，2 年次にビジネスワークショップに参加して企業の方々に向けてプレゼンテーションした経験は，めちゃめちゃ大きいですね。ましてや海外の企業で英語でプレゼンテーションできたことは，他では経験できないものです。

笹木：企業でのビジネスワークショップまで組み込まれているプログラムは他にないと思いますね。

## 成長した点は？

荒岡：これまでは，CAP に参加したことで語学力や学習方法といったスキルを得たという話でしたけど，他に参加して成長した点はありませんか。

牛島：圧倒的に発言力。参加する前には，こんな風に人の前で自分のことを話すなんでできませんでした。CAP in Busan-Fukuoka の釜山でのクロージングセレモニーで，代表としてプレゼンテーションしたことと，帰ってきて報告会でも発表させていただいたので，大人数の前での発表に慣れて成長しました。普通 100 名の前で話すことはないし，しかも英語での発表は恐ろしかったですが，非常にいい経験になりました。

中村：私も意識的にはすごく変わりました。共創学部は留学が必須で，CAP に行けたら卒業できるので，最初はこれで終わろうと思って行きましたが，行ってみたら，長く行きたくなりました。交換留学は行くつもりなかったので，CAP に行かなかったら，多分交換留学の準備に入らなかったと思います。次に向くようになったんですね。

楠田：自分の考えを変えた具体的な経験はなんでしたか。

中村：思ったより自分は英語ができないということがあって。検定はそこそこ点数とれたので，自信もあったんですよ。CAP in Taipei-Fukuoka に参加した台湾の学生は日本語できる人がいなかったし，台湾の学生は英語がうまかったんですね。圧倒的な差を感じて，このままで日本でずっと勉強していたら自分の英語はビジネスで使えるものにはならないという危機感がありました。しかも期間中に成長している気がしたんですよ。長くいたほうがいろいろ学べるなと思いました。

浜川：僕も全く同じ経験をしました。皆さん結構感じていたと思いますが，英語力とかプレゼン力とかを見て，圧倒的な差を感じたんですね。打ちのめされて，このままで日本大丈夫なのかなと思ったと思いますけど，僕はそこから大きな刺激を受けました。彼らは英語も日本語もできる上で専門もしっかり勉強していたので，最初は才能の差なのかと思いました。だから先方の学生は頭がいいからできるけど，僕はできなくてもいいかなと思いました。でも，話をしてみると，苦労して勉強していたとか，海外に住んでいながらも何年も英語がしゃべれなくて悔しい思いをして，続けて勉強してきたとか，結構積み重ねに裏打ちされた実力であることが分かりました。それで僕も意識を変えて勉強に臨みたいと思ったし，交換留学も考えるようになったんですね。また，語学だけでなく，専門分野においても，僕は文系で数学があまりできないという意識があったんですけど，数学にも挑戦してみようかとか，理系の学生が履修するプログラミング研究室に行ったり，数理統計の授業にも自習しに行ったりとか，英語だけでなく，今はインドネシア語の授業もとっています。自分から変わっていこうとする意識を持つようになりました。この変化のエンジンとなる最初の一歩は，CAP で打ちのめされた経験があったからですね。この面ですごく成長できたと思います。

森田：打ちのめされた経験というものが僕にもあったんですけど，住友商事でのビジネスワークショップでのことでした。韓国の学生は市場調査をして，ここに需要があるから利益を見込めるという実現性のあるプランを提案をしたんですね。また，社員の方からの質問に対しても根拠を用意してきてスムーズに受け答えをしているのを見てすごく感心しましたが，自分はふわふわしたプレゼンで，最初にプランがあって後から理由を後付けしたような感じで，社員の方も苦笑いする人が多かったんですね。すごく差を感じて落ち込んだんですけど，ハワイでは同じ経験をしたくなくて，韓国の学生が住友商事で発表したスライドを何回も読み返してどのようにビジネスプランを立てるのかを研究してやりました。そうしたら，ハワイコーヒーの時はまあまあ高評価を得ました。だから CAP はプログラム中に弱点を見つけることで，今後の成長につなげられると感じました。

横瀬：私の場合は新聞をちゃんと読むようになったことです。もともと新聞を読むのは好きだったんですが，主にコラムと読者の声とかの物語を読んでいました。でも CAP で外国人労働者受け入れや安全保障，経済問題について議論したことで，自分は日本について何も知らないのに気づいたんですね。そこで新聞をもう本当に毎日読むようになったし，読む内容も経済と政治関連記事を読むようになりました。もう 1 つは，感情表現ができるようになったと思います。2～3 週間共同生活しながら，嫌でもしゃべる必要があるし，いろいろ交流しないといけないから，そのときに自分が嬉しい時とか楽しいときはちゃんと伝えるようになったと思います。

平野：太宰府，門司港とかに行きましたが，行く場所のことをよく分かっていなくて，日本について知らないし，説明してあげられなかったし，食べ物についても写真がなければ説明できなくて。もっと自分の国を知って外に出ないといけないと思いました。

笹木：一番思ったのは，日本人と韓国人はめっちゃ似ていて結構共通点が多いということです。前は日本人とその他の世界という感覚だったんですが，参加後には日本はアジアの一部で，アジアとそれ以外の世界，というように見るようになった。視野が広がるというのは具体的に言うとこういうことなのかと何となくつかめるようになったんですね。その後，交換留学でシンガポールに行って，いろんな国や地域から来た人々と一緒になりましたが，やはりアジア人のほうが仲良くなるというのがあって，世界の中のアジア人ということが自分の中で確立されたということですね。

浜川：留学といえば結構欧米にいく人が多いですが，アジアでも本当に学べるものは多くある。アジアを意識していなかったのですが，アジアも広いし，面白くて，深くて視野が広がるのは間違いなくありました。

CAP の後に東南アジアのマレーシアに行きましたが，これまでとは全然違ったんですね。それに比べると，日本人と韓国人はほとんど一緒ではないかと思ったんですね。彼らはイスラム教徒で普通に生活していても，時間通りにお祈りに行く学生がいるんですね。生活の中に宗教が入り込んでいるという光景をみました。日本人は宗教意識があまりないと言ったら，地獄に堕ちるとか，何のために生きるのか，やりたいことはあるのかと聞かれました。マレーシアでは東アジアの国々と違う点ばかり目立ちました。逆に韓国や中国，台湾がこんなに文化的に日本と近いのだと実感しました。そこから感じたことですが，CAP に参加するのは，全然違う世界に飛び込むためのファーストステップの意味合いを持っていると思います。

楠田：僕は事前研修で韓国や日韓関係について学びながら，興味を持つようになりました。こういう機会がなければ，絶対にやらなかったと思います。日韓関係が最悪だと言われていたこともあり，海外研修前のレポートでは，なぜ韓国はこうなのか，という感じで書いていました。しかし，実際に行ってみたら，フレンドリーに接してくれるし，自分で直接行ってみて話してみないと分からないこともあるんだと実感しました。特に，同じグループの Kook さんは日本語が上手でしたが，CAP は英語でしゃべるプログラムであるということで，ずっと英語で対応してくれたり，いろんな面で僕たち日本人に対し気を配ってくれて，とても温かみを感じました。

荒岡：今皆さんは，日韓で共通している点・似ている点について話してくれましたけど，逆にどうしてもここだけは譲れないってところもありますよね。僕は，1年次に参加した CAP in Seoul-Fukuoka での議論で，韓国の学生と意見が合わない部分があって，議論して説得を試みたけど，結局解決できず，曖昧な形で終わってしまったことがありまして，それが自分の中でしっくりきませんでした。でも，2年次の CAP in Hawaii では相手はこう考えるんだと予め分かっていたので，対立する部分について驚いたり，敏感にならないで，いわば寛容さを身につけての議論ができたんですね。最終的なプレゼンでは妥協案を出してまとめました。考えてみれば，実際のビジネスや外交ではこのような場合が多いのだと思います。これは絶対譲れないという部分があっても，互いの利益があるところを探していくということが大切だと思うんですよ。それを養ったことが大きな成長でしたね。

**印象に残っているエピソードは？**

荒岡：CAP in Hawaii 最終日の前日の夜に，プログラムで出会った韓国人の友人に「正直なところ，日本のことをどう思っているの？」と聞いたことがあります。彼は少し考えてから，「日本のことは大好きだけど，日本の歴史認識については納得できないところがある」と答えてくれました。本音を聞かせてもらったわけですね。こんな質問，出会って 2，3 日のような間柄では聞けないことですよね。でも，3 週間も一緒に行動をともにして，互いに意見を交わしたりした中で信頼関係を築けたからこそ，少しセンシティブな内容でも聞くことができたし，相手も本音で応えてくれたんだと思います。

Park：私は韓国人ですし，歴史が専門だから，日本の歴史に関心があって，同じグループの日本の学生たちに，自国の歴史についてどう思っているかと聞きました。ある人は，近代史についてあまり学んでないと言いましたが，ある人は高校で日本の観点と韓国の観点，両方を学んだと答えてくれました。私が韓国で聞いていたことからすれば，日本は都合の悪いことを隠そうとすると思いましたが，その友だちとの話を通して，このような別の側面があるんだ，と感じました。

楠田：2 週間目に韓国の女の子と恋バナをするところまで仲良くなりました。彼女は 1 週目にグループ活動に積極的ではなかった人でしたが，プログラムが終了する時には，1 週間目に韓国にいる時からもっと積極的に活動すればよかったと言ってくれました。プログラム中に彼女の心境が変わったわけですね。その子の成長にもなったと思って，日本人全員も嬉しかったです。

平野：同じグループの台湾の女の子と仲良くなって自然に恋バナもするようになりましたが，台北に移ってからは彼女の彼氏ともグループの日本人が仲良くなる経験をしました。プライベートなことまで話して身内のように仲良くなったのは本当に印象に残っています。一方で，ディスカッションとプレゼンテーションにおいては，意見の対立があって，険悪なムードにもなったんですね。主張が強すぎる人がいましたが，彼女がしようとしたことについて私は納得いかなかったです。そういう細かい調整がうまくいかない中で最終プレゼンテーションに臨んだので，それは反省点ですが，仲がいい体験だけでなく，意見の対立も経験したり，できることとできないことがそれぞれあって，それを承知の上で進める人もいることに気づいたことが印象に残っています。

牛島：僕のことを認め，激励してくれた韓国人の友だちが印象に残っています。釜山では一緒にプレゼンした時に，釜山大学のジョンソンは，準備の段階から“よくやったね。最高”と言ってくれましたし，“自信を持って”とも言ってくれました。ハワイでも協働学習は大変きつかったのですが，同じグループのスヨンが常に励ましてくれました。プログラム終了後に，福岡に遊びに来たので朝まで飲みましたが，その時言われたことが，一緒に議論してプレゼンしたことも良かったけれども，僕が自由時間に率先して事前に調べて，皆の道案内をしたことを褒めてくれました。それができるのは凄い，ってストレートに言ってくれたので，それも自分の長所なんだとちゃんと再認識することができました。

森田：日本のメディアは中立だと信じていましたが，結構バイアスがかかっていることに気づきました。日本で韓国に関する報道を見ると，日本に抗議する報道が多くて，韓国人は日本が嫌いなのではないかと思う日本人が多いと思います。僕もCAPに参加する前には行ったことがなくて，いざ行くようになったら正直韓国が怖くて，友だちができるか不安だったんですけど，実際行ってみたら全然そんなことはなかったですね。確かに心の底では歴史問題について否定的な印象を持っている人はいると思いますけど，でも，1対1で会った時にそれをあからさまに出して日本は過去にこういうことをしたから，日本が嫌いだとはっきり言う人はいないじゃないですか。韓国人も国の対立を個人間の関係に持ち込むことはしないという配慮をちゃんとしてくれることを，CAPを通して学びました。今まではテレビで外国のことを見て知っているつもりでいましたが，やはりその国について知るためには，現地を訪れて，観光ではなく，現地の人と話し合うことで初めて理解できるのではないかと思いました。このようにメディアばかりに頼るのはいけないと感じたのが一番印象に残ったことです。

平野：私もそれを思いました。外国人労働者受け入れ問題についてプレゼンをする必要がありましたが，日本には既に大勢の外国人労働者がいることは知っていても，自分の近くでは見えない状況ですが，台北駅で東南アジアからきた人々にインタビューをする機会があったのが非常に大きかったです。日本で座学で学んだだけでは絶対知り得なかったことを現場にいる人たちの口から聞くことが如何に大事なのかを知りました。これから何をするにしてもフィールドワークすること，現場の声を聞くことは大事にしていきたいと思います。

中村：台北駅では，誰からの助けも受けずに，私たちの力で移民の人たちと触れ合って生の声を聞きました。そこからニュースを見る目が変わりました。日本の移民問題を扱うニュースを見る時に，国会議員の発言を聞きながら，実際に移民の方々に会ったことがないからこそ出る的を射ていない意見もあるなという感じで批判的に捉えるようになりました。

次のステップに進むためには？（1回限りの留学体験に留まらないために）

平野：CAPの終了後に何で参加したのか，反省点，新たに興味を持ったことをノートに書く振り返りを行いました。レポートを出して，報告会が行われた時期で，今残しておかないといけないという思いで書いたんですね。人生を線で考えた時に，CAPで学んだことが将来どのように役に立つのか，興味を持ったことについて学び続けるために，次に何をやればよいのかということを書き留めました。次に何をすればよいのかが明確になったと思います。

中村：私が今次に進むために大切だと思うのは，CAPを終えて，次へ意識が向いているうちにすぐに行動に移してみるということですね。CAPは意識を高めるきっかけになるので，その機会を逃さないでとりあえず次へつながる行動をしてみることが必要だと思います。

Park：CAP参加を経て，今学期から九州大学に交換留学生として来たこともそうですが，常に日本に関心を持ってきました。去年は立命館大学から高麗大学に韓国語を学びにきた学生のチューターを務めたり，日本文化に関心を持って勉強するようになりました。将来，就職する際には日本の企業か，日本と関わる仕事をやりたいと思っています。

笹木：留学すること自体が目的になっている人が結構多いですが，留学を目的化するのではなくて，留学を手段として捉えたうえで自分が将来やりたいことと，海外とのつながりをどのようにつくっていくのかを自分の中で組み立てていく，そのような時間が必要だと思います。その意味で平野さんが言ったように，ノートに書き出すのは重要だと思いますね。

森田：留学を考えると，TOEFLで高得点を取らないといけないとか，お金の準備が必要だとか，ということばかり考えがちですけれども，一番重要なのは，情報量だと思います。今年3月には全額を支援してもらって韓国を訪問するプログラムに参加しました。それを知ったのはサークルの友だちからの情報でした。そして，先日「世界につながらナイト」というイベントで1年生向けにCAPを紹介しましたが，そこで知り合った人からの情報で9月にロシアを訪問するプログラムに志願することができました。1週間で3万円くらいしかかからないものです。それは自分の力では知りえない情報です。人とのつながりを通して情報を得ることが大事だと思いました。CAPに参加する人は意識が高い人が多いじゃないですか。この座談会に来ているメンバーでも長期留学を目指している人がいるので，ここで出会った友だちとのつながりを大切にして，奨学金申請はどのようにしたとか，志望動機はどのように書いたとかなど，準備をどのようにしたのかについてアドバイスを受けられると思います。そうすれば一度だけの留学に終わらないで，次のステップへ進むことができると思います。

浜川：周りの人をロールモデルにすることも重要だと思います。僕の場合は，ここにいる森田さんに学んだものが非常に多いです。森田さんはTOEFLでもすごく高い点数を取っているんですよ。しかも全然帰国子女とかではないんです。CAPに参加することで知り合いましたが，近くで森田さんが話す英語を聞いて真似したりしながら英語力をつけました。長期留学への思いを形にする上で非常に刺激になりました。

荒岡：今，話があったノートに書き留めましょうとか，情報を集めましょうというのは，後輩たちに対してもよいアドバイスになると思います。自分が思ったのは，学生としての特権を活かすことの重要性です。大学生だから情報が入ったりとか友だちから教えてもらったりとかできるわけで，社会人になるとなかなかそういう機会を得るのは難しいですよね。ですから，CAPに参加して感覚が新鮮なうちに次のステップを探すということが必要なんだろうと思います。そのモチベーションを維持するために情報を集めるとか，SNSで継続的に交流をするとか，そういうことを意識的にしていくのがポイントなのかなと思いました。

横瀬：私の場合はシンプルに楽しかったのを思い出すことです。私はハワイも韓国も含めてすごく楽しくて，人生で一番楽しい経験をしました。そういう楽しさを味わった後に，普段の学校生活というとやっぱり落差がありました。そこで悲観的になるのではなくて，写真を見返したり，日記を読み返しながら，あんなに楽しかったことをもう一度味わわないともったいないなと。そのようなワクワクする気持ちをずっと持っていくと，大変なことや自分にはハードルが高そうに思われることがあっても，人生1回きりだし，また楽しさを味わえるならと思うようになります。だから，シンプルに楽しいことをもう1回しようというのも心意気かなと思います。

荒岡：僕たちはこれから後輩たちを後押しする存在になりますよね。これまでの経験をもとに情報を発信することができますし。それは次のステップに向けて自分の中のモチベーションを維持することにもつながると思います。

笹木：シンガポール国立大学での交換留学の時の話ですが，同じ研究室で一緒になった35歳の韓国人と非常に仲良くなりました。一緒に研究を進めて最終的に論文を一緒に書いてもう出版もされました。めぐりあわせというか，感慨深いものがありましたね。どこで人生を変えてくれる人に出会うか分からないので，後輩たちにはチャレンジするように伝えたいです。

牛島：後輩たちには，迷ったらとりあえずチャレンジして，やってみろと言いたいですね。自分は高専やめて再受験をして九大に入りました。今はその選択はめちゃくちゃよかったと思っています。そこでやめた決断をしたことが非常によかったし，CAPにもチャレンジしてよかったと思います。これから何があるか分かりませんが，とりあえず飛び込んでみるマインド，気概ができたということがあるので，後輩たちにはチャレンジしてみてというアドバイスをしたいと思いますね。

次のステップへ

中村：CAPに参加してから，国外に出て得られることの多さを実感し，もともとはあまり考えていなかった長期留学について考えるようになりました。また，CAPで移民問題と文化ツーリズムについて学んだことで，人の国際的移動，特にインバウンドツーリズムについての興味が深まりました。それから情報を集め始め，共創学部の協定校の中で，IR(統合型リゾート施設)について学ぶことのできるマカオ大学への留学を決めました。マカオ大学ではカジノを含む観光施設について英語で，多角的に学ぶことができます。交換留学に向けての準備として今年の夏休みにはCAP in Hawaiiにも参加するつもりです。

横瀬：私は英語圏への長期留学を考えてきましたので，次のステップとして，イギリスのシェフィールド大学への長期留学を決めました。シェフィールド大学は東アジア研究が充実しており，私は東アジア映画や日本のポップカルチャーに関する授業を受講する予定です。文化や歴史が大きく異なる国で外から日本や東アジアを学びたいと思っています。

笹木：先程も少し触れましたが，シンガポール国立大学では学部3年にもかかわらず大学院生の講義を受講したり，海外企業で一人で研究インターンシップを行ったりと非常に積極的に活動して，一生の糧となるような貴重な経験を得ました。CAPに参加するという姿勢にも通じていることですが，積極的に一人で飛び込む姿勢は本当に大事だと思います。しかしそう簡単にできるものではない。そこで，そのモチベーションを維持する上では，自分に如何に付加価値をつけるかという意識が重要だと思います。その意識を大切にすればどんなところへも一人で飛び込む勇気を与えてくれるはずです。今後も自分の人生において常に向上心を持ってチャレンジし続けていきたいと考えています。

森田：CAPでの体験を通して，地理的には近いけれども意外とよく知らない日本の近隣諸国について興味をもつようになりました。それで，今年の3月に外務省主催の大学生訪韓団で再び韓国を訪問し多くの大学生と交流してきました。また，今年の夏にはロシアでロシアミッション，来年の春には中国で訪中団という学生交流のプログラムに参加しようと考えています。日本とこれらの国々との関係は良いとは言い難い状況です。しかし，関係が改善されればお互いに経済や安全保障の面で協力することができると思います。プログラムへの参加を通してこれらの国についてメディアのバイアスを受けない情報を得て，微力ではありますが日本との関係改善に関して少しでも貢献できればと考えています。

牛島：CAP in Hawaiiの協働学習で扱った自然災害という課題を，今度は東南アジア地域へ視野を広げて考えていきたいと思いました。特に専門である経済学を活かして，開発経済学の観点からこの問題にアプローチできないかと考えて，開発経済学を専門としている先生のゼミに入ることにしました。

荒岡：僕はつい3ヶ月前までドイツのミュンスター大学というところで1年間の交換留学をしていました。ドイツを訪れたのは2回目でしたが，1年間という長い期間日本以外の国に住んだ経験はなかったので，とても刺激的でしたね。ただ，もし1回目の訪問がなく，今回の留学が自分にとってのはじめてのドイツ訪問だったとしたら，分からないことだらけで満足に活動できなかったんじゃないかなと思います。やはり，ファーストステップで短期間滞在して，ひとまずその国の雰囲気をつかむ，そして次のステップで長い時間をかけてより深い部分まで見つける，そうやって段階を踏んでいくことが大切だと思いますね。

浜川：僕は今年の9月から1年間，香港大学に留学をします。CAPを含め，中国や東南アジアで行われた短期プログラムに参加した経験から，自分の人生を通して，日本を含むアジア地域にある都市課題の解決に貢献できる人材になりたいと考えるようになりました。元々は，中国の北京にある大学に行こうと考えていたのですが，単なる言語習得のための語学留学のような形では終わりたくないなという思いもありました。しっかりと専門的な勉強をするために，アジアの大学ではトップクラスで，自分の専攻や興味のある学問分野の研究が行われ，中国と東南アジアのちょうど中間地点にある国際的な大都市にある香港大学に留学することを決めました。もしCAPに参加しなかったら，僕の大学生活に留学は全く存在することもなく，日本人を始め，韓国や中国，マレーシアなどのアジアの各国にいる大切な友人たちにも出会えていなかったと思います。今振り返ると，CAPに参加した動機はすごく薄っぺらいものでしたが，僕にとっては人生を変える重要なファーストステップだったと思います。

平野：CAPに参加したことによって，世界の実情を自分の目でしっかりと見つめ，そこから自分が何を感じとるのかが一番重要だということに気がつきました。私は今年度後期から，福岡県グローバル青年の翼というプログラムに参加します。このプログラムは県内の青年にアジアの現状を体感させることで，国際的な視野を持った人材に育て上げることを目的としているもので，マレーシアとミャンマーでの海外研修が含まれています。CAPの活動を通してアジアの国々の移民問題や観光業の問題などに触れ，学ぶ意欲がわきましたが，今後，様々な国を自分で見て回って，現場でしか分からないことを学びたいと思っています。

### CAPへの要望

荒岡：次のステップへ進むことを助けるためにも，CAPに参加した学生が集まるコミュニティを作る必要があると思います。同窓会というと大げさかもしれませんが，既に卒業したり，院に進んだ人もいるので，とりあえず日本人だけでも集まれる機会があると，縦のつながりができて情報交換もしやすいかと思います。また，タイミングさえ合えば，CAPで一緒だった外国人とも集まりたいですね。実は今，私の同期が「九州大学日韓交流」というコミュニティに携わってくれています。そんな感じで，CAPに参加した学生が次のステップへ進むことを応援するような集まりがあっても良いと思います。

笹木：これまでも同窓会とまでは言わなくても，人と人とのつながりはできるだけ作れるようにしてきたと思います。僕もOBとして参加させていただきましたが，昨年6月にCAP in Taipei-FukuokaとCAP in Hawaiiに参加する後輩たち向けに，「CAPでの経験をどのように活かすか」について座談会を開催しました。自分にとってCAPはグローバル人材への始まりであることやCAPでの経験をもとにシンガポールに交換留学をして，学部生としては珍しく研究室で自分の研究を進めるチャンスを頂いたことなどを紹介しましたね。4人のOB, OGと一緒に企画したので，各自ブースを設けてCAPの後にどのように自分のキャリアアップを図っていくべきかについて後輩たちの相談にも乗りました。この取り組みは，3年前からOB, OGの企画で実施されていますね。

荒岡：卒業したプログラムのOB, OGについては，崔慶原先生がCAPのオフィスに訪れる学生を対象に個別に紹介してくださっていますけど，今後は例えば掲示板を作るとか，もう少しみんながオープンにつながれる方法を考えていく必要があると思います。

牛島：そこで留学や就職の情報も得ることができると思いますね。

平野：同窓会，すごくやりたいです。モチベーションにもつながりそう。

荒岡：計画してみましょうか。

＊　＊　＊　＊

同窓会の話で本座談会は終わったが，その直後，会長をやりたいと申し出た人がいた。同窓会立ち上げの準備が始まりそうである。

## 7.2　卒業生からの報告

後輩たちを応援するために報告会に参加してくれたOGの体験談を紹介しておく。長期留学に行きたいと思ってはいるものの，卒業や就活の時期に不安を感じている後輩たちが，勇気を持って第一歩を踏み出せるように後押ししてくれた。

「留学で変化したキャリア観　私の考えるグローバル人材に近づくために」

### 自己紹介

2015年9月に九州大学を卒業した上妻諒子と申します。在学中は，韓国やアメリカ，フィリピン等への短期留学を繰り返し，4年次には香港大学へ10ヶ月間の交換留学をしました。2016年4月に日系の物流会社に入社し，3年間中国企業とのビジネスを担当したのち，2019年5月からは香港駐在となり，現地子会社の会社運営に携っています。

今回は大学に入学するまで全く海外に興味がなかった私が，なぜ留学を繰り返し，海外で働きたいと思うに至ったのか，大学時代のエピソードをご紹介しながらその経緯をお伝えしようと思います。

### 「何となく面白そう」から始まった，海外との出会い

大学に入学するまで全く海外に興味のなかった私が，海外に興味を持つきっかけとなったのが，日韓海峡圏カレッジ（2014年度からは，その発展版の「アジア太平洋カレッジ（CAP）」となっている）というプログラムでした。入学直後，何か新しいことにチャレンジしたいと思っていた時に，たまたま目に入ったのがこのプログラムのポスターでした。韓国の釜山大学の学生と文化交流や韓国語の勉強ができるという文言に惹かれ，応募しました。プログラム

日韓海峡圏カレッジのメンバーと。プログラム最終日。（中段中央が筆者）
今でも交流は続いている。

では夏に１週間ずつ釜山と福岡で行き来しながら，釜山大学の学生と交流を深めたり，地元の企業でビジネスワークショップに参加しました。また冬のプログラムでは延世大学や釜山大学で北朝鮮問題に関するプレゼンテーション＆ディスカッションを英語で行うという経験もしました。

夏冬のプログラムを通して韓国の大学生とも非常に親しくなり，楽しく充実した日々でしたが，この時一番感じたのは「悔しさと危機感」でした。韓国側の学生の，アグレッシブに学び発言する姿勢や，歴史や経済についての知識量に圧倒され，当時の私は議論に全く加わることができず，文字通り完全に打ちのめされてしまいました。議論に参加すらできなかったことが悔しく，そして何より将来への危機感をおぼえました。「将来この人たちとビジネスをしたら，絶対台頭に渡りあえない」。この時の苦い思い出が，大学生活の目標を「国際的に活躍できる人材になる」としたきっかけでした。

## アメリカ，フィリピン，そして香港へ

先述の日韓海峡圏カレッジの後，「国際的な人材，グローバル人材」になることを大学生活の目標としたものの，何をすべきか具体的にわかりませんでした。そこで「とにかく海外へ行けば何か変わる」との思いで，アメリカに１ヶ月，フィリピンに３週間等々，短期留学を繰り返しました。また日頃から海外とつながる生活を送るべく，日本では留学生のサポーターになり，授業後や週末は留学生と一緒に過ごしていました。このような生活を１～２年続けているうちに，自然と英語も上達し，様々な文化の違いに触れることで自分の見える世界も広がっていきました。しかしながら，自分の思い描く「海外で活躍する人材」にはまだ何かが足りない，そんな気がしていました。その答えを見つけるべく，香港への１年間の交換留学を決意しました。

## 香港での生活―「長旅感覚」から「日常」へ

そして４年生の後期より，香港大学への交換留学をスタートさせました。最初は，知らない世界に飛び込むワクワク感というよりも，本当にやっていけるのか不安の方が大きかったのを覚えています。道も言葉も人も全てがわからない，相談できる知り合いもほとんどいない，心細い日々でした。その土地に住むという感覚を味わう余裕などなく，「長旅」のような感覚で楽しもうと思うのが精一杯でした。

しかしこの時，「一人で悩んでいても何も変わらない，行動あるのみ」という覚悟を決めました。とにかく出会った人には話しかけ，分からないことは必

歴史ある香港大学 Main Building。

香港の街並み。高層マンションが立ち並ぶ。

死に聞き，人が集まるイベントには全て参加しました。まさに「自ら世界を切り拓く」という言葉がぴったりな，人生初の経験でした。そのうちに知り合いも増え，仲の良い友人もでき，気を張らずに生活できるようになっていたと思います。大学からの帰り道，ぼーっと歩きながら「香港での生活が日常になった，私の帰る家はここにあるのだ」と感じていました。

### 「留まって学ぶ」意義―留学開始直後の“雨傘革命”

留学とは字の通り，「留まって学ぶ」ことを指します。短期滞在では得られなかったであろう経験ができるのが，長期留学の良いところです。私の場合，留学開始直後に“雨傘革命”が起こりました。強引な香港統治を推し進める中国政府に対する香港人の危機感と不満が爆発したのが，雨傘革命でした。デモは学生を中心に行われ，大学の友人もデモに参加していました。学内は民主化を訴えるポスターで埋め尽くされ，講義も一時休講になったり，授業内でデモに関するディスカッションを行ったりと，一時期はデモ一色でした。

香港大学名物，ハイテーブルディナー後の様子。（中央下段が筆者。その他は香港出身の友人）

香港大学テニス部に入部。（左から 4 番目が筆者）練習や試合に参加した。

香港の中心地に座り込んでデモをする若者たち。（筆者友人撮影）

街中・学内のいたるところにこのような言葉が書かれていた。（筆者友人撮影）

正直なところ，留学前は香港の位置さえ知りませんでしたし，香港と中国の違いもイメージできませんでした。しかし実際に香港に住んで地元の人と関わっていくうちに，香港は長い間中国本土から分離され，経済も文化もオリジナルに醸成されてきたこと，香港人の中には「中国統治よりも英国統治時代の方が良かった」と言う人が少なくないこと，香港の人は中国人と呼ばれるのに抵抗感を感じていることなど，中国と香港の間の壁を感じた場面に何度も遭遇しました。もしあの時日本にいたら，テレビの中のデモは遠い外国の話だったかもしれません。しかし，実際にあの場にいたことで，その国の抱える問題や人々の思いを肌で感じ，自分のこととして捉えることができました。

### 香港で変化したキャリアパスへの考え方

香港を留学先として選んで良かったことの一つは，現地で働く多くの日本人の方にお会いして多様なキャリアのあり方に触れられたことです。それまで「海外で働く＝駐在」という方程式しか頭になかった私ですが，香港で弁護士になった方，香港の税理士事務所に就職した方，香港で起業した方，香港メディアで有名人になった方などなど，多種多様なキャリアを積まれている方々に出会ったことで「仕事」への見方を大きく広げることができました。

香港で出会った方々はまさに私の目指す「海外で活躍する人材」でしたが，それぞれのキャリアパスや人生観は全く異なっていました。グローバルに活躍するための素養は多様で，正解などないことに気付かされました。その中でも，もし１つ共通点を挙げるとするならば，「何事にもしり込みせず挑戦すること」かもしれません。言葉や文化の壁などをものともせず，自らの行動で道を切り拓いている姿は，かっこよく，大変良い刺激をもらいました。多くの出会いのおかげで「海外で働く＝駐在」「卒業したら日本企業で就職」という自分の中の当たり前を一度捨て，もっと広く，自由に将来を考えてみるようになったと思います。

### 10ヶ月の留学を終えて—留学で得たもの

10ヶ月の留学は本当にあっという間でした。日々新しいものに触れ，何かしら自分の中で挑戦しようという心構えを保ち続けた10ヶ月間は，最高に充実した日々でした。こんな新鮮な毎日は，日本の大学生活だけでは得られなかったと思います。

留学後は「留学で得たものは？」とよく聞かれましたが，私の答えはこうでした。それは「自信と度胸」です。勉強面や生活面で困ったことも多々ありましたが，失敗を恐れずとりあえずやってみる，自分から行動を起こす，この姿勢を徹底しました。結果的に全く土地勘のない場所に馴染み，楽しく過ごせることができたという経験は，何よりも大きな自信になりました。留学を終える頃には，また新しい場所で生活してみたい，香港で出会った社会人のように世界のどこでもイキイキと働きたいという思いが強くなり，いつの間にか，海外で働くことが憧れから明確な目標に変わっていました。

帰国後は，早く社会に出たい気持ちと，日本のことをもっと知りたいという気持ちが強かったため，海外での就職はいったん考えず，日系企業に就職しました。入社後最初の3年間は中国企業とのビジネスに携わりました。初めの頃は文化の違う人々と働くのは難しいだろうと思っていましたが，同じベクトルに向かって協業する中で信頼関係が生まれました。もちろん仕事を進めていくうえで意見の食い違いや衝突もありましたが，それをうまく乗り越えることができたのは，大学時代にいろいろな文化に触れ，その違いを受け入れる力を培っていたからだと思います。違いを受け入れたうえで次にどうするかを考えることで，互いに学びあいながら仕事を進めていくことができました。

そして入社4年目には，香港に駐在するという機会に恵まれました。まさか留学していた香港が最初の駐在先になるとは思っていませんでしたが，これも何かのご縁だと思っています。留学時代に得た土地勘や海外の人とうまくやっていく力を自分の大きな武器とし，新たなフィールドでもチャレンジを続けていきたいと思います。

### 「グローバル人材」とは何か

かつて自分の中でなかなか摑めなかった「国際的に活躍する人材，グローバル人材」の定義ですが，留学や社会人経験を経て，自分なりの答えが見えてきました。

今の自分なりのグローバル人材の定義は，①違いを楽しめる人，②自分を持っている人，です。①に関しては，好奇心旺盛とも言い換えることができるかもしれません。海外という場所は，言葉も文化も，歴史も社会構造も文化も，様々な違いであふれています。その違いを毛嫌いするのではなく，「こういう違いも存在するのだ」という寛大な心で楽しめる人が，海外で楽しくたくましく生きていける人なのだと思います。

②に関しては，①と矛盾するように聞こえるかもしれませんが，これも重要な要素だと考えます。人間関係は，結局は「1対1」の関係です。だからこそ，皆「君はどう考えるのか，君は何者なのか」を問うてきます。海外では，周囲の人のバックグラウンドの多様さは日本と比べ物になりません。だからこそ，一人一人が存在感を出すことが必要になります。自分の存在を認めてもらい，理解してもらうためにも，自分の考えをはっきりと伝える力が不可欠だと感じました。

グローバル人材の定義は，きっと人それぞれ違います。私の定義も，今後色々な経験を積む中で変化していくでしょう。これからも自分らしく道を切り拓きながら，目指すべき人材に近づければと思っています。

（九州大学経済学部卒　上妻 諒子）

# あとがき

普段の私は，CAP に参加した学生たちがプログラムを通して学び取ったことや，どのような成長を遂げたかについて関心を持ち，そういった成果的な視点から CAP を学内外に報告・広報している。しかし，本書を締め括るこのあとがきでは，長年 CAP を企画・運営しながら私自身が学んだこと，あるいは成長したことについて触れてみたいと思う。

1つ目は，学生たちに質問することの重要さとその難しさに改めて気づかされた点である。CAP の特徴上，知識を一方的に伝達するよりは，学生がメンバーとコミュニケーションを取りながら自ら学んでいけるように手助けをしなければならない。ところが，学生自身で課題の論点と解決案を考え，自分で方向性をつかんでいけるように助けることは，答えを教えるよりも断然難しい。また，学びのプロセスを重視する PBL と TBL を取り入れたカリキュラムが効果を発揮するためには，学生の自己学習はもちろんのことだが，ディスカッションを活発化させ，課題に対する学生の関心を高めるための教員側からの適切な質問が重要であり，それをどのように磨いていけば良いのか，常に考え，工夫をしてきた。そういう意味で，教員というのは，学生たちの学びを伴走するアドバイザーであり，メンターであると強く思うようになった。

2つ目は，自分の関心領域が広がったことである。CAP では，東アジア社会の共通課題を取り上げて学習していくが，それを可能にするためには，アドバイザーである私個人の関心領域を広げる必要があった。自分の元々の専門分野は，日米韓の安全保障関係であるが，これは，CAP で扱う共通課題の1つの分野に過ぎない。むしろ，国際関係は学生たちが身近に感じられる課題ではないため，プログラムでは，「少子高齢化」や「外国人労働者受け入れ」，「災害と安全」などの社会的課題に取り組む場合のほうが多い。そのため，私自身も，これらの課題をどのように学んでいけばよいのかと，学生たちと一緒に悩んだことも多かった。幸いにも，そのおかげで，新しい課題を学んでいく学生たちと同じ目線に立って，さまざまな工夫をしながら，学習内容を選定することができ，学生とともに視野が広がる体験をさせていただいた。私にとっても楽しい学びとなった。

これまでの取り組みをこのように一冊の本にまとめる過程で，私は自分が非常に幸運であったことに気付かされた。学ぶ意欲の高い学生たち向けに，海外の学生との協働学習の場を提供する特色のあるプログラムを運営することができたのは，私にとってかけがえのない宝である。学生たちの興味関心を深める学びのアドバイザーとしての役割を，今後も果たしていきたいと強く思った次第である。

CAP が軌道に乗り，成果をあげてこられたのは，国内外の多くの方々のご協力のおかげである。特に，ソウル大学の姜明求先生，高麗大学の宋赫基先生，ハワイ州立大学のラーニー・カーライル先生（Prof. Lonny E. Carlile），国立政治大学（台湾）の藍適齊先生（Prof. Shichi Mike Lan）に御礼を申し上げたい。この方々のご理解とご協力なしには，CAP は実現できなかった。

ビジネスワークショップの場をご提供いただいた公益財団法人福岡観光コンベンションビューローをはじめ，住友商事九州株式会社，日本通運株式会社，西日本電信電話株式会社（NTT 西日本），RKB 毎日放送株式会社，九州電力株式会社，福岡ソフトバンクホークス株式会社，株式会社安川電機，株式会社ゼンリン，株式会社七尾製菓，西日本鉄道株式会社，株式会社やまやコミュニケーションズ（以上福岡県所在），Honolulu Star Advertiser，Hawaii Coffee Company，Roberts Hawaii，Ohana Pacific Bank（以上ホノルル所在）に深甚の謝意を申し上げたい。学生たちは，社会的課題の解決とビジネスがどのように結合しているかについて大変貴重な体験をさせていただいた。

文部科学省からは，グローバル人材育成を目指す CAP の企画意図をご理解いただき，財政的に支援していただいた。また，日本学生支援機構（JASSO），日韓文化交流基金，福岡県からは，学生が経済的に負担感なく海外研修に臨めるように支援していただいた。この紙面を借りて，あらためて御礼を申し上げたい。

九州大学内の運営委員会では，カリキュラムの構成や単位互換など，運営に関するさまざまな事案について議論し，方向性をつかむための助言を沢山頂いた。これまで運営委員長を務めてくださった中野等先生（地球社会統合科学府）と波潟剛先生（地球社会統合科学府）に感謝申し上げたい。CAP が単なる現地訪問に留まることなく，協働学習に重きを置いたプログラムとして発展できたのは，お 2 人の助言によるものが大きい。プログラムの進行や本書の出版において常に励ましてくださった深川博史先生（韓国研究センター長）と永島広紀先生（同副センター長）にも感謝申し上げたい。

プログラムの運営を支えてくれたカレッジオフィスの方々の苦労を忘れることはできない。テクニカルスタッフの岡本彩さんは学生たちの身近な存在として，学生一人ひとりを大切にしてくださった。CAP 運営のあらゆる部分において意見の共有ができた，CAP にはなくてはならない存在だった。事務補佐員の新崎奈美恵さんは，将来，ご自分のお子さんが大学に入学した際には，ぜひ CAP に参加させたいと，プログラムに愛情を注いでくださった。ここにすべての方々のお名前をあげることはできないが，CAP のことを気に留め，惜しみなく助言してくださった多くの方々にも，心より感謝を申し上げたい。

最後になるが，本書の出版を担当してくださった九州大学出版会の奥野有希さんと野本敦さんにも御礼を申し上げたい。学術的な研究ではない本書の内容に価値を見出してくださったことに感謝申し上げたい。

崔　慶原（九州大学　韓国研究センター准教授）

著者紹介

崔　慶原（ちぇ ぎょんうぉん）

九州大学韓国研究センター准教授
慶應義塾大学法学研究科後期博士課程修了，博士（法学）
専攻分野：東アジアの国際関係，日韓関係
主要業績：『冷戦期安全保障関係の形成』（慶應義塾大学出版会，2014）
『日韓が共有する近未来へ』（共編，本の泉社，2015）
「日韓米国際共同教育プログラム『アジア太平洋カレッジ』―Campus Share によるグローバル人材育成」（『基幹教育紀要』第 2 号，2016）
『現代の国際政治［第 4 版］―変容するグローバル化と新たなパワーの台頭』（共著，ミネルヴァ書房，2019）など

グローバル人材（じんざい）へのファーストステップ
――海外の学生と PBL/TBL で学び合う――

2019 年 10 月 31 日　初版発行

著　者　崔　慶　原
発行者　笹　栗　俊　之
発行所　一般財団法人　九州大学出版会
〒 814-0001　福岡市早良区百道浜 3-8-34
九州大学産学官連携イノベーションプラザ 305
電話　092-833-9150
URL　https://kup.or.jp/
印刷・製本／大同印刷㈱


Printed in Japan　ISBN978-4-7985-0271-7